U1009485

在婚姻中
看见自己

罗近月
著

WUHAN UNIVERSITY PRESS
武汉大学出版社

图书在版编目(CIP)数据

在婚姻中看见自己 / 罗近月著 . —武汉 : 武汉大学出版社，2022.2
ISBN 978-7-307-22643-2

Ⅰ . 在…　Ⅱ . 罗…　Ⅲ . 女性—婚姻—通俗读物　Ⅳ . C913.13-49

中国版本图书馆 CIP 数据核字(2021)第 205981 号

责任编辑：黄朝昉　　责任校对：姜程程　　版式设计：末末美书

出版发行：**武汉大学出版社**（430072　武昌　珞珈山）
（电子邮箱：cbs22@whu.edu.cn　网址：www.wdp.com.cn）
印刷：三河市京兰印务有限公司
开本：880×1230　1/32　　印张：8.5　　字数：183 千字
版次：2022 年 2 月第 1 版　　2022 年 2 月第 1 次印刷
ISBN 978-7-307-22643-2　　定价：42.00 元

版权所有，不得翻印；凡购我社的图书，如有质量问题，请与当地图书销售部门联系调换。

性和根本性的问题，有关帮教工作的具体细节，还要通过帮教制度来规定。从目前的实际情况来看，各地虽然有一些帮教制度，但尚不够健全。例如帮教小组如何开展工作，帮教措施如何落实，帮教人员负有哪些责任，对帮教工作的好坏如何考核检查等等，都缺乏明确具体的制度。因此，在制定帮教法规的同时，认真总结现有的经验，建立和健全一套行之有效的帮教工作制度，是十分必要的。

社会帮教制的内容主要包括：(1)审查批准帮教制度，即如何确定、申报、审查、批准帮教对象，并对其开展工作。(2)登记、考勤制度，即要对帮教人员的工作情况进行登记，以保证足够的帮教时间。(3)考核检查制度，即对帮教工作的情况进行检查验收，肯定成绩，发现问题，对帮教人员进行督促。(4)学习制度，即要组织帮教人员定期学习党的政策、国家法律、搞好帮教工作的经验等内容，提高帮教人员的业务水平和工作能力。(5)奖惩制度，即规定对帮教人员进行奖励和处分的具体标准，对工作踏实勤奋、帮教效果明显的帮教人员，要给予必要的物质奖励和精神鼓励；对工作不负责任、帮教效果差的，要给予必要的经济制裁和批评。(6)有偿劳动制度。我国的社会帮教工作目前是没有报酬的义务劳动，这是不公平的。对从事社会帮教工作的人员，不给任何报酬，这实际上是不承认其所付出的辛勤劳动。因此，对社会帮教人员，无论是长期从事帮教工作，还是临时担负帮教任务，都应当根据“按劳取酬”的原则，给予一定的劳动报酬。这种报酬可以用奖金的形式发给，也可以用额外工作补贴的形式发给，实行有偿劳动制度以后，将有利于调动广大帮教人员的工作积极性。(7)解除帮教制度，即规定解除帮教的条件、期限、后果。对凡是停止违法犯罪活动，确实改好的帮教对象，必须及时宣布解除帮教。解除帮教不得视为受过法律处分。

自　序

愿更多女性，活出生命中的丰盛和自由

在我的职业发展过程中，经历了几次转变，从做儿童青少年咨询，转向夫妻治疗，最后落脚到女性自我成长咨询。

这中间的转变，是我的主动调整，有过许多波折。

一开始选择帮助孩子，是觉得他们充满希望，并且他们十分弱小，是最需要帮助的人。

然而每当走近这些孩子，我发现更无力的是这些孩子背后的父母，烽烟四起的婚姻和过去极其僵化的成长模式，让他们深陷在自己的困境里痛苦不已，根本无暇顾及孩子的需求，即便懂得了很多道理，也无法给予孩子所需要的心理营养。

而当我走近这些父母时，会发现男性更习惯情感隔离和理性防御，女性因此承受着更大的情绪压力。如果我们不能给整个家庭系统最脆弱的位置以看见、理解和支持，整个系统就会产生瘫痪的风险。

而一旦这些系统里的女性可以获得一些成长支持，可以消化累积下来的不良情绪，有空间去体会和觉察自己的需求，学习在关系里照顾自己，无论是亲密关系还是亲子关系的隔阂，都将有机会被打破。

我之所以偏爱女性，是因为女性的力量真是太宝贵了！

如果一个家庭是混乱无序的，那么最有可能获得突破的地方，就是家庭里的女性。

当一位女性不被不良情绪占据，对自己的需求有更多的觉察和体会，可以通过自我理解来重新定义自己时，她将在家庭里找到自己的位置，家庭就有了一根定海神针，其他错位的角色就有可能回到恰当的位置上。

想让一个家庭有主心骨，让每个人都能在自己的轨道上正常运转，让男人更像男人、孩子更像孩子，就需要每一位女性有一种结实的内在结构，可以支撑自己打破藩篱、勇敢向前。

女性的自我成长，就是不断打磨内心的那根定海神针。

每一位来咨询的女性，最初都十分渴望获得某个人的庇护，让她们远离生活的惊涛骇浪。

后来，她们在咨询的过程中，学会了自我理解和自我保护，适应了社会的丛林法则，敢于追求自我实现，活出了人生的丰盛与自由。

01 有太多女性习惯了忽视自己与生俱来的力量

在现实生活中，有很多女性从未意识到自己身上的女性力量。

她们习惯去抱怨、去争执、去走向受害者模式，是因为她们太习惯囚于困境、太习惯征求别人的许可和被定义，看不到自己其实拥有主动走出困境的能力。

再加上，过去的成长资源可能是不给力的，又很难在亲密关系里获得理解，还可能长期承受着超负荷的情绪压力，她们既没有信心，也根本找不到线索去解锁自己的力量。

这就好比，在你的内心明明有一个小火苗在燃烧，你很渴望这个火苗被人看见，但又很难被人看见。也恰是因为从没有被看见过，你就无法相信自己真有过这个小火苗。

于是，我们看到有许许多多的女性，在关系里小心翼翼地向自己的伴侣展示这个小火苗时，结果常常被对方一盆冷水浇灭。

那么，如何才能让对方真正看见自己内心的火苗呢？

你需要的是借助一些力量，让小火苗燃成熊熊大火。

当你真的相信了自己内心有火焰，你还会小心翼翼地去跟对方确认吗？

不会。这时的你，才真正拥有了一段平等的关系。

在这个过程中，会让我们看清一种关系的真相：只有当你可以支持自己更确定地存在于一段关系里时，你才会真正被理解、被尊重以及被善待。

许多女性在亲密关系里受尽委屈，只是因为她们缺乏足够的支撑去成长为自己。她们需要的其实不是一段更好的关系，而是如何成为自己。

所以，不要以为自己处在亲密关系的困境里无法动弹，是因为你爱一个男人爱得天崩地裂，可能只是因为：你一直指望他帮助你解决一个他可能根本解决不了的问题。

无论是期待另一半对你忠贞不渝，还是情绪被理解、付出被认可，大多情况下都指向了一个共性的问题，即希望通过亲密关系里的被认可，来获得更多的自我确认和自我认同。

这其实是一个自我成长的需求，通过阅读、心理咨询、参加成长课程去完成自我理解，这比在亲密关系里屡屡碰壁、求而不得，要容易一万倍。

如果我们总是在亲密关系里因为被否认、被质疑、不被理解、不被看见而受伤，可能说明我们有一种极其强烈的渴望，想要去燃旺内心那个小火苗。

这是极其珍贵的一个愿望。

即便在关系里不被别人支持，我们也要给予自己更多的支持，如果你意识到这很重要，你一定可以找到途径来支持自己。

02 幸福不只是期待关系给予，还有对生活的掌控感和信心

我接受过不少拥有优质关系的女性的咨询。她们有的有很成功的伴侣、富裕的家庭条件，以及更多的选择自由空间，还

有的拥有很贴心的伴侣，对她处处照顾和疼惜。按照绝大多数女性的标准，她们应该过得很幸福。但她们其实并不幸福，倒并不是在生活或关系里存在什么困难，而是因为她们缺乏对生活的掌控感和信心。

很多女性极其渴望拥有一段美好的关系，但现实生活中，有很多事情无法通过亲密关系来解决。

如果缺乏处理生活变化的信心，任何一件小事都可能把生活搞得天翻地覆，再美好的关系也没有幸福可言。

曾经有一位来访者，有很多对过去关系的抱怨，气愤于她无助的时候，丈夫袖手旁观。她觉得都是因为这个无能的男人，让她的生活一团糟，而她想到的最好的报复，就是离婚。

后来她意识到，好像离婚也不解气，于是她开始尝试觉察和反思。

之后，我们发现很多愤怒源于她无法面对自己脆弱的情绪。因为她接纳不了自己的脆弱，所以她希望丈夫可以接纳她，她就可以不用体会这些无助。当她一次次因为外界的影响，一次次真实体会到这些无助和脆弱时，她把自己的愤怒指向了丈夫。

“如果他做得好一点，我就不会这么痛苦了！他明明做得到，为什么不做！”

这是她的不满，也是亲密关系里很多女性常有的抱怨。

其实，她丈夫也不是每一次都这么冷漠。

重要的转折在于，她意识到终究无法通过丈夫来避开跟这些害怕的情绪狭路相逢，她开始接受现实，也没那么委屈了。

慢慢地，她发现那些脆弱的情绪也没那么可怕了。当她可以跟那些脆弱的情绪共存时，她突然有点儿理解自己的丈夫和孩子了。

原来，以往的那些要求，看似很应该，很有道理，却是以自己为中心的，当时的她被情绪淹没，根本没有空间去体会别人是怎样的感受。

现在的她，可以理解和接纳自己的感受，可以独自面对很多事情，也可以理解丈夫和孩子的感受，面对生活有了更多的信心和掌控感，对人与人之间的关系也有了不一样的体会。

很多时候，我们指望一段关系可以带着自己脱离苦海，但现实却是，在我们在尝试脱离苦海的过程中，获得了更多对生活的信心和掌控感时，我们会拥有更满意的关系。

一个女性最大的成长变化，就在于开始接受那些总觉得自己不该承受的压力和情绪，懂得了为自己负责。

03 每一位女性都值得拥有重新定义自己的机会

我的许多来访者，时常会主动向身边的人推荐心理咨询师，她们之所以这么做，是因为她们体验过心理咨询带来的影响和变化。

我一直相信每个人都可以有自己的成长方式，放在整个人生里看，快一点慢一点，都是可以的。

只是，如果很长时间感到迷茫，并且陷入了同样的困境，或许是时候来好好理解自己，是时候来推开这扇挡在你面前的成长之门了。

目前很多女性面临的困境是：一方面在她们的内心有着丰富的感觉和渴望，另一方面这些渴望又无法跟现实接轨。

这时候，如果我们直接用现实来检验对错，或者直接寻求认可，就会处处碰壁。

我们需要先有一个空间来容纳自己，小心善待内心的这些小火苗，让它们有机会燃得更旺一些。

但是，对于很多女性来说，内心常常被自己的角色所限制，认为作为一个女人就应该被保护或者被照顾，否则就不是一个幸福的女人。

而现实是，男性和女性的力量是一种互补的存在。男性外强内弱，女性外弱内强，你越渴望一个男性外在有担当，就越需要一个女性内在有定力。

同样，如果你渴望一个男性具备一些女性特质，如细腻温柔、善解人意，那么女性相应地就需要发展一些男性特质来进行互补，如决断力和行动力。

很多女性被心里“应该怎样的”形象束缚住了，觉得只有成为什么样的女人才会幸福。实际上，每一段关系都有其特殊性，不是你应该在什么位置，而是你想要在什么样的位置，决定了你最终所处的位置。

女性的力量，在于内在的坚韧和灵活，天生就更擅长内在成长和整合。在关系里可进可退，既可以到前台去酣畅淋漓地展现自己，也可以在后台布局一场持久战。

所以，当女性可以勇敢地去确认自己内心的渴望，重视自己身上的女性力量时，常常会开启一个全新的世界。

这不同于父母传递给我们的僵化角色，亦不是你过去所知道的应该怎样做才更好，而是一个由你来定义的全新世界。

愿更多的女性学会珍惜自己的力量，打开自我成长之门，活出生命里的美满和自由！

目　录

第一章

婚姻里的三重困境：不被认可、不被理解和不被珍惜

第二章

婚姻困境的出口在哪里

第三章

婚姻到深处，看见的全都是自己

第四章

自我澄清：识别、理解和支持自己

第五章

关系重塑：从关系的对峙到相融，是什么让人转变

第六章

一个关于自己的重要选择：如何让自己变得更幸福

第七章

接纳婚姻的不完整，才是另一种完整

第八章

从孩子的养育中，学习善待自我的缺失

第九章

自我关爱，是女性一生的力量源泉

第一章

婚姻里的三重困境：不被认可、不被理解和不被珍惜

1. 婚姻里，想要被认可为什么那么难

在婚姻咨询里，我经常被问到：为什么我做了那么多，都没有用，他都不认可，也没有任何改变？

很多人会觉得：我知道什么标准是好的，当我努力去做时，就应该被认可啊！

可是，在婚姻关系里，想要获得伴侣的认可为什么这么难呢？

01 为了被认可，你会放弃真实的自己吗

每一个人都希望在伴侣心中的感觉是好的，希望能被理解和被认可，这无可厚非。

只是，如果你特别渴望被认可，并且为此做了不少牺牲和努力，也没有被认可，这可能意味着你的内心有着强烈的不被认可的恐惧。

那么，在伴侣关系里，你就会变得十分小心，会敏感于对方有没有回应、如何回应，并以此判断自己有没有做好。

这是因为，我们会为了那个理想中好的位置，去放弃做真实的自己。

我们可能会觉得真实的自己，是不够好的，可能是失败的，是不够强大的，于是选择用一个更好的虚假自己去替换。

可是，即便如此，我们也没有获得被认可，这样的牺牲和努力就变得没有了价值，自己的感觉也会随之变得更糟糕。

同时也有可能会想：我做了这么多努力都不被认可，那么我什么都不做，那个更不好的自己，就更不可能被认可了，于是开始质疑自己。

在不被认可的人心里，已经早已用尽了所有的方式去获得认可，却仍然失败了。

然而，别人觉得你错了又怎样，很失败又怎样，不够好又怎样，不够强大又怎样？

其实，并不会怎样。

只是，我们太在乎了，太在意自己对于别人来说是不是重要的。

这就好比，你穿了一件漂亮但不合身的衣服，并非是衣服不好，也不是你不好，但是这件不合身的衣服穿在身上，无论是自己还是别人看到，都会感觉不自在。

所以，努力获得认可的结果，必然是不被认可。

02 获得认可的前提，是积攒自我认可的勇气

当一个人真的非常渴望被认可时，内心其实是不信任自己的，即便得到了认可也不会开心。

在他们内心能清楚地看到那个表演的自己，所以也就并不认为被认可就是好的，反而感觉自己像一个冒牌货。

很多人希望通过被伴侣的认可，让自己有勇气认可自己。实际上，唯有当你有认可自己的勇气时，你才会被伴侣认可。

有许多来访者告诉我，以前在伴侣关系中总是表现得很小心，然而却总是不被认可，因此变得越来越自卑。

而当他们获得了更多的自我理解和确认之后，更敢于在关系里展现一个真实的自己，他们的伴侣不仅没有被吓跑，反而更喜欢和认可 Ta 了。

而这个时候的他们，通过很好的确认和理解自己，有了更结实的自我，也不再处于极度渴望他人认可的位置。他们会发自内心地相信，即便自己有一些缺点，自己也是挺好的一个人，自己是值得被认可的。

当有没有伴侣的认可，都变得不再重要的时候，反而过去那些求而不得的部分，轻而易举地就得到了。

也就是说，当我们非常渴望被认可的时候，我们就会害怕自己做得不够好而把自己藏起来，别人不理解，自然也就没有机会来认可你。反而当你没有被认可的需要时，压力消失了，你不再需要去迎合对方的眼光，一个真实的、更有个性的自己

也就自然展现出来了。

这样的真实，才具备更多走进人心和引发共鸣的力量。

所以，要改变伴侣可能是非常无力的，但是要理解和认同自己却是一条更容易的路。越是需要被认可，就越要更多地靠近自己，积攒更多自我认可的勇气。

03 渴望被认可的人，其实是在寻找一个理解自己的空间

如果我们再深入下去看，为什么一个人会极度渴望他人的认可呢？

因为他对自己的感觉并不确定，所以需要对方给予他更多的确认。

也就相当于，渴望认可，实际上是在渴望有一个人来理解自己，从而让自己内心虚弱的位置有机会得到发展，变得更加结实。

然而，绝大多数的伴侣无法像心理咨询师一样，细致地去陪伴一个人成长，虽然有的伴侣有可能做到，但这是一件需要极高修为的事情，可遇而不可求。

当没有一个空间来理解自己时，人就会变得特别依赖他人的认可，然而你真正渴望的是，内心更多的感觉被看见和被理解，这样你对自己的负面评价就会减少，自信就会提升。

所以，如果你真的特别渴望通过改变和做好来获得伴侣的认可，可能会非常艰难，甚至做得越多，你就会越自卑，越迷

失自己。

相反，如果你允许有一个空间来理解和看见自己，你对自己的感觉会更好，也可以更简单轻松地获得对方认可！

最重要的是，无论伴侣是否认可你，最终决定你感觉好坏的，是你能否认可自己。

那些我们对于自己的感觉，始终需要花更多的时间去探索、理解和修通，这样我们在亲密关系里才会活得更自在！

2. 什么是决定婚姻幸福的关键

在婚姻里，如果夫妻都感觉很幸福，我们时常会听到一句话：他 / 她很理解我！

而如果夫妻之间开始疏远，两人的关系里累积了太多失望和痛苦时，我们会听到另一句话：“他 / 她一点也不理解我！”

可以这么说，婚姻成于理解，败于不被理解。

为什么理解对夫妻关系如此重要，重要到可以决定婚姻的走向呢？

01　每个人都需要被理解，它让我们感受到情感和爱

作家廖一梅曾说：

每个人都很孤独，在我们的一生中，遇到爱，遇到性，都不稀罕，稀罕的是遇到理解！

所谓理解，就是在某一时刻，通过他人感同身受的领悟，表达出一些非常贴合你感受的语言，最终这样“在一起”的时刻，会变成融进你内心的深刻体验。

在婚姻里，当你被你的伴侣理解，拥有越多“在一起”的体验时，你就越容易相信自己值得被理解，开始从内心滋生出一种稳固的力量来。

相反，如果你总是不被理解，你就无法体会到跟他人的连接，当你无法确定自己被理解时，你就越来越不敢轻易地相信自己。

所以，当你生活在一段充分给予你理解的婚姻里，你可能会越来越自信，更敢于表达情感和爱。如果不幸生活在一段缺乏理解的婚姻里，就会变得越来越没有自信，越来越封闭自己的情感。

当婚姻缺少了理解，情感便不再流动，两个人都活成了一座孤岛，关系就会像鸡肋一样无味。

02 无法做到真正的理解，常常是因为无法区分这一点

说到理解，很多人会脱口而出：

“我很理解他啊！他的问题是……！”

“理解他，我做不到，他的想法那么不靠谱，我总不可能还支持他乱来呀？”

“我为他付出那么多，他看不见吗？这难道不是最好的理解吗！”

我们都知道理解对于婚姻非常重要，但每个人对理解的定义却千差万别：有人把理解等同于挑毛病，有人把理解等同于认同，还有人把理解等同于满足对方。

的确在某些时刻，在彼此理解的基础上，可能会出现提建议、表达认同或者做出满足对方的行为，但理解本身和这些行为有着非常大的不同。

那么，真正的理解是怎样的呢？

是你在试图懂得对方感受的过程中，尝试把自己接收到的感觉用语言告诉对方，当你所表达的体会和对方想要表达的感受越来越贴近的时候，理解就发生了。

所以，关系里的真正理解，是一个互动的过程。

不是某个人默默在心里表示理解，也不是我接收到了你的意思，就要去努力满足你的需要。

而是：我可以陪着你待在自己的感受里，让你知道你的感受很重要，且值得被看见！

真正的理解，是陪伴对方感受他所在的位置，没有自以为是地觉得我已经懂了，也没有到立刻要为对方做些什么。

然而，在婚姻里，90% 的夫妻不会做这样的区分。

很多人以为自己懂了，其实只是站在自己的角度看，对方可能并不认为你理解了他；马上用行动满足对方的需要，却也可能在自己无法满足时愤怒，这都是因为我们对理解的认识存在偏差。

在关系中做到纯粹的理解非常艰难，是因为我们常常误以为理解是别有目的的，比如：

你理解我，就该听我的；

你理解我，就该认同我的想法；

你理解我，就应该满足我！

实际上，理解就是理解，如果把理解等同于认同、满足或者是控制的筹码，这样的“理解”一开始就站错了位置。

当夫妻之间出现难以一致的差异时，附着在这些形式上的理解也会随之瓦解。

而如果你在错位的理解里待得太久，你就会不知不觉地认同这种畸形的理解，一方会要求对方必须做什么，另一方却再也受不了被迫“理解”带来的压抑而想要逃离。

所以，婚姻里缺乏理解，是因为夫妻忽略了把理解和其他需要分开对待。

03 多问这三个问题，你也能通过理解让婚姻更幸福

在婚姻里，理解是让两个人保持情感亲近的根基。

理解越多，你会感觉越幸福，同时促进彼此变得更成熟。

相反，理解越少，你会越痛苦，从而让彼此越来越封闭自我。

然而，每一对夫妻都存在着很大的差异，这对于婚姻最大的挑战就是：如果两个人有很多不同的观念，那还能通过理解达到情感的共鸣和同频吗？

是的，完全可以。

因为我们仅仅是需要理解，我们不需要改变对方。

当这个关系的根基变好了，情感开始因为理解流动了，关系里的其他功能才能实现。

所以，如果你总是感觉婚姻里缺少理解，希望通过理解让婚姻变得更幸福，你可以多问伴侣和自己这三个问题：

（1）问伴侣：

· 当我这么做、这么说时，你感觉到被理解了吗？

· 还有哪些地方，是你想要我理解，却觉得我没有理解你的？

· 你能就这一点，跟我多说一说吗？

（2）问自己：

· 当对方这么做、这么说时，你感觉自己被理解了吗？

· 还有哪些地方，是你想要被理解，却感觉没有被理解的？

· 你能就这一点，多说一说吗？

当你这么问伴侣时，你就打开了一个可能理解对方的空间，如果对方愿意说，你需要认真地听对方说，不要争辩和打断，尽可能去理解对方当时的感受。

当你这么去问自己时，你也打开了一个理解自己的空间，你可以确认自己有哪些感受很想让对方看到，这就是一次很重要的自我确认。

当你把理解和其他的部分剥离开来，你才能收获真正的理解，并且能给予对方同样的理解！

3.“和谐”夫妻，并不等于被好好珍惜

婚姻里最狗血的剧情莫过于：我们的婚姻一直很和谐，“和谐”成了模范夫妻的标准，羡煞路人，然后夫妻关系急转直下，要出轨、要离婚、要自个儿去过生活！

很多开始想找个好人过安稳日子的人，在婚姻关系里，经过这样元气大伤的一绊，就会变得怀疑人生，质问道：这世界上，还有好人吗？

也有不信邪的人，开始打响了婚姻保卫战：他不会说变就变的，他是一个好人，肯定是鬼迷心窍了，我要把他救回来！

实际上，罗马不是一天建成的，婚姻的质变也绝非突然之间的事。即便是一段好婚姻，如果缺乏足够的觉察，也可能会悄无声息地变糟，甚至走向死亡。

01 只想对你好，是婚姻里最毒的情话

过去，小莉一直觉得自己很幸运，她的丈夫温柔、体贴、包容、忍耐，满足了她对伴侣最理想的期待。

结婚8年，她一直觉得他们过得很幸福，然而就在今年，她的丈夫却坚决要离婚，并且告诉她：这么多年，我一直在忍受你，现在受够你了！

她对丈夫的话感到震惊不已。她一直以为丈夫对她好，是因为很爱她，如今才发现：只想对你好，成了婚姻里最毒的情话！

在现实生活中，很多人不乏这样的期待：找个好伴侣，他要懂得包容我，永远对我好！

很多人认为，如果想要对一个人好，就应该不管好坏地包容，不管是谁的错都要先认错，任何想法都要优先考虑对方的感受。

以为像这样，变成这样一个好人，或者是遇上这样一个好人，关系就会变得非常和谐。

实际上，一开始，这样的关系真的令人羡慕，有一个跟自己如此契合的人，看起来真像是不可多得的好伴侣。

然而，在一段真实的关系里，如果两个人都有自己的想法，必定会有冲突和矛盾。和谐到没有任何冲突的关系，既不真实，也不现实。

这只能说明，关系里有一个人或者双方隐藏了自己的真实想法。

而太多隐藏的妥协，并不代表没有想法，只是习惯于这么做，或者是出于一种迫不得已的无奈。

极度对你好的人，看起来什么都围绕着你来考虑，实际上并不是因为你的特殊，而是他们无法拒绝他人的需要，只能用讨好的方式来维系关系。

而每个讨好型人格的背后都藏着一把刀。

一开始，他们用不断的忍让来遮盖问题，直到有一天他忍无可忍时，就会一改往日的顺从，把关系里的怨气通通撒向对方。

02 在婚姻里，忽略自己的感受是最危险的行为

和小莉的丈夫一样，从做好人到对婚姻里的忍无可忍，这样的现象，也经常出现在女性身上。

小荷自认为是个懂得体贴包容的好妻子，她和丈夫之间虽然经常争吵，但是丈夫一认错，她很快就原谅对方了。

她说自己很健忘的，上一周发生的事情，都很难记得起来。

就在最近，她对丈夫怒不可遏，大到回不回家吃饭，小到看人的眼神、走路声音的大小，另外还有很多过去的不满，都开始纷纷涌现出来。

她想起了怀孕时某次丈夫没有买她喜欢吃的草莓，生孩子后很苦很累，腰不好还整天一个人抱着孩子，家里大小事情丈夫从来不问她的想法。

想到这些，她认为丈夫无论怎么做，都无法弥补她曾经受到的伤害。

以前她只想做个好妻子，也一直包容忍让，可是婚姻里越来越多的不满意，让她觉得自己的付出都白费了，她突然觉得这样的婚姻很没意思。

我问小荷：这些事情似乎已经过去很久了，为何这些过不

下去的感觉现在才出现呢？

小荷说：以前觉得都是芝麻大的小事，忍一忍也就过去了，可现在自己怎么都忍不下去了。

小荷的感觉开始苏醒过来，不再像以前一样忽视自己，这是个好现象。

只是多年忍让累积下来的怨恨，要化解掉也绝非朝夕之间的事。

与小荷一样，在关系里很多讨好型的人，直到某一天才突然醒悟，或者直到对方出现明显的问题，才发现过去的付出很不值得。

与之对应，我们会有一个疑问：曾经，是什么阻碍了他们去觉察自己的感受？

因为对当下关系的恐惧，惧怕冲突，放弃了照顾自己的感受，只想替对方考虑。

于是在一段关系里努力做个隐忍的好人，不断往自己身上增加担子，就好比一脚油门踩到底，这会让自己很没有安全感，便会更加努力去留住这段关系。

不断加速往前冲，直到这段关系走向瓦解的边缘，才发现自己这一路只顾着加速，根本没有注意到压根不存在刹车功能，所以一段关系最容易因为过度付出而加速灭亡。

在这个过程中，感觉成了最好的维系关系稳定的刹车功能。当你允许自己的感觉被看见，感觉就会成为你前进的安全阀，让你在关系里更加自由地进退。

所以，在婚姻里，忽视自己感受的付出是最危险的。

03 当婚姻被问题活埋时，控制和妥协没有任何意义

很多人问我：如果两个人不想分开，但关系就是走不近了，该怎么办？

当两个具有积极意愿的人，都无法靠近对方时，这意味着这段关系里存在着许多靠两个人过去的相处模式无法解决的问题。

这样的婚姻明明还存在，却被堆积得太多的问题给活埋了！

比如，前文中的小莉和丈夫，过去小莉有任何不满，丈夫都会道歉。而如今，即便丈夫道歉，小莉也知道，道歉之后问题也依然存在！

小莉很想跟丈夫好好沟通，而当丈夫真要讲自己的想法时，小莉又很受伤，觉得对方没有念及两人关系中好的部分。

在过去的关系中，小莉和她的丈夫，分别是控制和妥协的关系。而如今妻子的控制对丈夫已经失效了，丈夫的妥协也对小莉失效了。

当他们用来缓和问题的模式失效时，两人的关系看起来就变得糟糕了。

实际上，在控制和妥协的背后，小莉和丈夫之间从没有过发自内心的沟通。

他们努力获得关系中表面的和谐，却让他们的关系里堆积

了太多的问题，以致到了无法消化任何问题的地步。

也就是说，如果他们一开始不是一味追求和谐，而是更真实地表达自己，经历了这样的磨合，就可能建立起解决问题的能力。

一味追求和谐，就避开了能力的发展，看起来是速成，实际上却把一个个问题都堆积到了关系里，问题越积越多，情感就无法再流动了，最初的和谐模式也会一并失效。

所以，没有任何问题的关系是不真实的，一味追求关系和谐相当于拔苗助长，看似是在为关系付出，却成为生生割裂关系的利刃。

04 “和谐”夫妻的关系重塑之旅：不愿分离，就学习面对问题

美国心理学家戈特曼在华盛顿大学设立了一个“爱情实验室”。经过二十年的跟踪研究，他发现婚姻中最具破坏力的因素是冷漠、指责、不屑、自我防御。

这些因素，在“和谐”夫妻中最容易出现，因为追求和谐的同时，不和谐已经被压抑很久了，这些累积的问题像火山爆发一样疯狂涌上来时，就会对关系造成强大的破坏作用。

然而，很多人在夫妻关系十分危险时，还想着努力挽救婚姻，这相当于处在悬崖边缘还要踩着油门往前冲，许多危机婚姻就是被这样的努力挽救给毁掉的。

当婚姻出现问题时，如果你总想着一句话就换来对方的原

谅或回心转意，总想着对方给你一个坚固的保证或者承诺，总希望对方不再想过去的问题，这其实仍然是在掩盖问题。

想让危机中的婚姻重新焕发生机，必须经历一个直面问题并逐个扫除问题的过程。只有这样，婚姻才会完成清堵化瘀，重新回到正常的轨道。

中国式婚姻讲究和谐，避开冲突。遇事守住分寸，不难堪，不捅破，实际上这正是囤积问题的开始。

不幸的婚姻，大多是被太多的问题活埋后还想着要努力“和谐”；幸福的婚姻，却是从面对真实的问题开始。真实并不可怕，只是这考验着我们是否敢于挑战自己，去面对自己需要发展的部分。

实际上，在婚姻里，带来本质影响的不是出轨、不爱或者感情变淡等问题，而是每对夫妻自始至终要面对的，是要抛开单一的变好和对人好的固有思想，努力发展解决关系里不和谐问题的能力。

4. 要安全还是要真实，一个最考验自己的问题

不知道从什么时候开始，情感教主们开始宣扬一种观念：如果你太在乎一个人，就不会被在乎。

这样的逻辑没有问题，太在乎换来的是失去自我，自然不会被在乎。但我们今天要谈及的是由此延伸出来的另一种观念：当你不在乎所处的关系时，你在关系里会更容易被在乎。

在现实的婚姻中，有很多人在有意识或者无意识地践行这样的观念，看起来很无所谓，显得若即若离，并表现出时不时的回避、疏远和冷漠。

然而，当他们表现出不认真的时候，内心却最希望另一半是认真的。通常，这样的期待最初还可能奏效，但最后另一半也开始用不认真来回应。

所以，我们经常听人一边抱怨另一半太不把婚姻当回事了，一边自己也在婚姻面前不敢认真。甚至，都很难分清是谁最先在婚姻里不认真了。

这就是婚姻的“空壳”困境：当婚姻中的两个人都开始对婚姻不认真对待时，婚姻即便存续，也只剩下一个冷冰冰的空

壳子。

01 想要关系更安全，就无法投入真感情

小安结婚9年了，结婚的前3年，精力都花在生养孩子上，中间的3年，花在丈夫出轨的努力挽回上，最近的3年，与丈夫的关系一直处于拔河状态。

她说自己已经很疲惫了，这样费力维系的婚姻什么时候是个头啊？

我问她：婚姻还在这里，你费力维系的是什么？

她说：对啊！我要的不是婚姻，我其实要的是他对我足够在乎。

她在费力维系的婚姻中，感觉到被对方足够在乎了吗？

婚后，她一门心思扑在孩子身上时，孩子是她的全部，是整个家庭的全部，她觉得只要把精力花在孩子身上，她就会被永远在乎。

三年后，丈夫出轨了，她立即把精力从孩子身上抽离，开始寻求挽回婚姻的方法。在尝试过各种努力后，丈夫还是一副满不在乎的样子，说过和离都随她意，并且也没有了断外边的关系。

又过了三年，她实在忍受不了丈夫时不时的忽略和刺激了，决定离婚，丈夫却突然转变态度，说要跟她好好过日子。

她喜出望外，仿佛看到了希望，可是没过几天，丈夫又回

到了无所谓的状态，这令她感到无比失望，又想离婚。

她每提一次离婚，丈夫就态度好一点，然而提得多了，丈夫也慢慢不当一回事了。

这时无比绝望的她，想要彻底放弃这段婚姻，她说：进入婚姻的这九年，我过得特别压抑，我一直在努力寻找可以让婚姻变好的方法，可是无论我怎么做，好像都没有用。我只是想要一段安全的关系，怎么就这么难呢？

是啊！想要一段安全的关系，怎么就这么难呢？想要一段不褪色的情感，怎么就这么难呢？

这样的问题让很多人不解。

实际上，当我们开始对关系有一个高于情感的目标时，我们的自我就会开始从感觉中抽离。

当抽离出一部分时，我们可以因为这种抽离而获得更多现实中的锚定，让关系变得更稳定，更有现实感。

可是，如果你对一段关系的期待特别强烈，强烈到你不允许有任何闪失时，你就会抽离出绝大多数的感觉，进而换作用理智来接管感情，派直达目标的方法和技巧上场。

也就是说，每一个极其渴望关系变好的人，都在避开用自己情感投入的方式，来试图获得他人的情感投入。

02　自尊心太强的人，难以拥有好的亲密关系

还记得电影《前任 3》中的那对苦情恋人吗？

孟云和林佳已经交往了5年，一起熬过艰难的创业期，却因为一点小事起争执说了分手。分手后，明明两人都放不下对方，却都要假装不在乎，等着对方来挽回感情。

非常遗憾的是，如果他们任何一个人能放低尊严，不再那么彻底地掩饰自己的真实情感，他们就不会在一次次的相遇中擦肩而过。

相比另一对情侣余飞和丁点，同样是分手，同样是嘴上说着不在乎，但他们都不甘于就这样分手，还要找对方“算个清楚”，结果在一次次“了断局”中，两人终于重归于好。

换到现实中，这样的例子也随处可见。

那些内心对情感极其重视，却又有着强烈自尊心的人，在遇到情感困扰时，不敢认真，怕丢脸，怕不被爱，只得装作不在乎，眼睁睁看着好好的感情走远。

而那些只有适度自尊需要的人，虽然最初也很怕受伤，但他们不会轻易避开自己的真实需求，反而能给彼此更多的机会去沟通、解释和相互理解，最终就不容易在关系中受伤。

一段相互需要的关系，才是真实持久的关系。敢于表达自己对关系的在乎和认真，常常决定着一个人可能拥有的亲密关系的质量。

假装不在乎，可以获得暂时的优越感，获得对关系掌控的满足，但是最终往往会自食苦果，让自己也同样不被在乎。

所以，别以为假装不在乎就能换来永远的被在乎，假装不在乎最终换来的大多数是不在乎。

03 婚姻不需要用力维系，更需要拯救的是自己

在前面的案例中，小安用技巧对待丈夫，最终丈夫也在用他的策略来对待小安。

后来，小安在跟丈夫的一次争吵中，突然感觉很烦躁，她意识到这样的争吵已经好多次了，无止无休，她想停下来。

她开始问自己：这些话是你想说的吗？如果不是，那你真正想说的是什么？

她自言自语地说："我很累了，真的不想吵了！"并扭头对丈夫说，"我不想因为这些鸡毛蒜皮的事跟你吵架了，我们可不可以不吵了！"

丈夫也说："我也不想跟你吵，是你要找我吵！"

小安说："我找你吵，是因为我觉得你把我看得不重要，我不想过这样的生活！"

丈夫说："我真不敢把你看得重要，每次只要我对你认真点，你就对我爱搭不理的！"

小安说："那是因为我怕你觉得我离不开你，怕你不在意我啊！"

说到这时，两个人都放松下来，顿时感觉亲近了很多，好像中间隔着的一层纱被揭开了。

原来两个人都怕失去，都怕对方不在乎自己，而不敢去在乎对方。当他们都不再假装时，这场旷日持久的拉锯战才终于停歇下来。

可是，这样的拉锯战还在很多的婚姻里上演，当一个人想用不在乎来控制两人的关系时，时间久了，另一个人也开始变得不在乎，婚姻就变得岌岌可危，没有人敢投入感情，婚姻就变成了一个没有情感的围城，都想不遗余力地伤害对方去换回对方的在乎，最终却只能忍受自己带来的苦果。

所以，一开始我们都很认真，却因为不懂关系里的相处之道而被伤害，然后学会了套路彼此。

当有一天，你用尽了所有的套路，也无法拥有一段想要的亲密关系时，你才会重新带上自我、带着真实的情感在关系里登场。你会更加诚恳，也会更加计较和小心眼儿，这才是对婚姻的认真。

有一些丈夫跟我讲：我不想两个人总吵架，但是待在家里又看不下去，所以才转移注意力到外面，眼不见为净。

也有些妻子跟我讲：我真的很想好好过日子，所以好多事情能忍都忍了，忍不了时才决定离婚的。

他们都以为自己在用忍让和付出苦苦地维系婚姻，却不明白自己早已失去了对待婚姻的那份认真。因为，当你真正觉得婚姻很重要时，你就不会允许一个又一个的问题在婚姻里累积，也无法做到忽视和忍让。

你在关系里付出什么，收获的结果就是什么，当你开始在关系里不认真时，收获的也同样是不被认真对待。

那些不敢对关系认真的人，试探到最后，就会发现每一段关系都是不认真的。

所以，那些看似被关系压垮的人，实际上是被自己压垮的。

我们并非需要努力维系婚姻，想把自己从关系的困境中拯救出来，首先需要认真面对自己的位置，再来理解关系的脉络。

第二章

婚姻困境的出口在哪里

1. 为什么现在的婚姻总是三观不合

如今，在描述当今的婚姻状态时，三观不合已经成了一个高频词。

三观往大里说是人生观、世界观、价值观，落在实处其实是对待生活中鸡毛蒜皮小事上的差异。

比如，妻子要学习提升，丈夫说学习有什么用，还不是死读书。

丈夫要经营人际关系，妻子说没有真本事，才只知道天天溜须拍马。

实际上，如果他们一个走实力提升路线，一个走关系晋升路线，他们两个人即使存在巨大的差异，也可能成为一对配合得非常好的夫妻。

然而，在婚姻里，你很容易看见一种“互不相让，排除异己”的势头，每个人都想坚持自己，极力贬损跟自己不同的观点，三观不合才会被凸显出来。

所以，三观不合让人最痛苦的，不是两个人三观的差异，而是你感觉到对方不够理解你时，就先入为主地否定对方所做的一切努力。

01 为什么在婚姻里，我们都有想改变对方的冲动

可以想象一下，在婚姻关系里，有一个跟自己完全同步的人，是不是很幸福？

的确很美好！但可以确定的是，不论你有多强的控制欲，不论你多么聪明，都做不到让对方跟自己完全步调一致。

尽管如此，每个人都还是抱着一种幻想，希望有个人可以跟自己完全一致，借由这种一致来确认自己存在的意义，这是融合幻想式需要。

这样的需要并没有错，特别是在生命的早年间，这样的期待会很强烈，我们渴望被看见、被支持、被理解、被认可。

如何面对这种期待受挫，决定着一个人在关系里的不同表现：理解他人，或是消灭差异。

如果一个人自我的部分曾经被别人更多地看见和接纳，那么在婚姻里如果遇到不一致，虽然会变得不舒服，但不会特别痛苦。

如果一个人自我的部分曾被剥夺或者覆盖得很厉害，那么就会变得更渴望在婚姻里找到一个跟自己高度一致的人。所以一旦伴侣表现出不一致就很容易激怒自己，并开始极力否定对方的想法和观点。

消灭关系里的差异性，并非真的要改变对方，而是借由攻

击和清除对方的观点，来确认自己的存在。在拼命改变对方的欲望涌动之下，其实是一种自我确认的需要。

如果你能掌控住这种无奈，就有空间去容纳差异，在关系里就能展现出一种求同存异的理解和尊重。

如果你被这样的欲望牵制，去攻击跟自己不相容的部分，那么你所处的关系就很容易变得三观不合。

一个人只有在进入一段关系时，才会涉及遇上跟自己三观不合的人，但是三观不合的心理根源，可能在关系开始前就已经形成了。

02 有多想在婚姻里确认自己，就有多么容易受伤

以前看过一个段子，大意是说男孩曾经被追求时，女孩对他说：我要住进你心里！

他想每个人都有自己的空间，我并不需要你进到我心里呢！因而对于一份侵入的爱感到很可怕。

他是自由的、自信的，所以保持两个人的高度一致并不是他的需要，而是这个女孩的需要。

而女孩追求的融合需要，也并不是关系的发展需要，而是她为了确认自己的需要。

也就是说，她可能曾经在原生家庭或者是其他关系里有过强烈的不被理解的体验，所以遇到爱情时，才想去任性一回，试着坚持自己，又对这样的坚持心里没底。

当在亲密关系里不被理解时，可能更多采取的行为是小心试探，然后再忍让，直到忍到愤怒时爆发，得出试探的结果就是：果不其然，他就是跟我三观不合。

这样想确认自己的需要，表明在其他的关系里这个人可能是被压抑的，但在亲密关系里依然不容易走得通。

所以，我们都可能期待找一个三观相合的人，实际上在真实的生活里遇见的都是各种跟自己不一致的人，碰到三观完全相合的机会很渺茫，而寻找彼此尊重却有差异的空间相对更容易。

当三观不合越来越多成为问题时，说明太多融合幻想在现实中被击碎了。

而在高期待的背后，如何在不一致的关系里发展出更多被接纳的空间，才是允许关系里两个既复杂又固执的人走向三观相合的关键。

03 婚姻的接纳空间，决定着关系持久的发展

当一对夫妻进入婚姻时，不可避免地会因为差异而产生冲突，并且相处时间越长，这种冲突可能越明显。如何解决和消化这些冲突，决定着这段关系是否能持久地发展下去。

我的一位咨询者讲过这样一个例子，女孩过去跟老公经常因为洗碗争吵，吵着吵着就升级为对彼此的攻击，并且都捡对方最痛的地方去戳，最后总是闹得不欢而散。

后来，有一次，依然是她老公放着碗不洗，这次她没有生气，反而很自然地对老公说："看到你没有洗碗，我还是不舒服，但我并不会生你的气，我突然明白可能你也该有自己的节奏吧！"

她的老公听完之后先是愣住了，然后过了一会儿就洗碗去了。之后，他们再也没有因为洗碗的事争吵过。她事后跟我讲：我当时仅仅只是清楚地表达了自己的感觉，没想到却比吵这么多年的架都有效。

因为这次经历，她开始反思：在过去的婚姻里，我们就像两个巨大的婴儿，都希望有一个人能接住自己，只知道拼命向对方索取，并责怪对方不能给予，最终两个人都变得不堪重负，这才进入了总是针锋相对的死循环里。

当她有机会一步步厘清自己，看见自己的无助、失望和愤怒时，她变得更自信了，更能接纳自己了，所以当她的先生还像以前一样表现时，她也不再感到是对自己的一种冒犯，于是便发生了上面所讲的意料之外的场景。

丈夫后来告诉她说：因为从小被母亲强迫着必须做什么，所以对被强迫感到深恶痛绝。直到她开始尊重他洗碗的自由时，他第一次感觉到自己被看见了，这时候他才有机会重新思考她讲过的道理，并愿意做出改变。

在婚姻里，当我们感觉跟另一半三观不合时，我们除了要考虑对方是否具备接纳自己的能力，也要思考自己是否也有接纳对方的空间。

如果各自都没有接纳自己的空间，那就不会有接纳别人的空间，这段关系就不可能有地方让两个人共同停留，也就变得只能盯住对方不满意的地方，婚姻自然变成了自卫的战场。

实际上，在婚姻里，接纳的空间并不全是对方给的，也是我们需要给自己的。

如果我们在婚姻之外，能够有更多的机会去看见和厘清自己，就能为婚姻留出更多的空间去消化问题，这就进入了一个良性循环。

所以，理想中的三观相合是“我是对的，你要改变自己来跟我相合”，而真实生活中的三观相合是你需要有机会去接纳和确认自己，当自己更通透柔软了，才有足够的空间去珍惜共性、容纳差异。

2. 在不被认可的婚姻里，努力证明自己有用吗

小 E 是一个很优秀的职业女性，可是在长达十五年的婚姻里，她时常感到很痛苦。

在外人眼里，她是一个温柔体贴、善解人意的好姑娘，可是到了她先生的嘴里，她就变得一无是处，并且处处喜欢争强好胜。

最开始，她嫁给他，父母一万个不同意，她心意已决，想着找个对自己好的人比什么都重要。

结婚五年，她从一个过去处处需要被妈妈照顾的孩子，变成既会做家务又会带孩子的女人。而她的先生，不仅没有给她搭把手，还旁敲侧击地提醒她：谁谁谁的妻子是多么能干！

结婚十年，三十出头的她，工作也有了起色，升了职加了薪，成为单位重点培养的对象。而她的先生，常常不见人影，在家时还经常对她冷嘲热讽：就你这么爱折腾又事多，一年也挣不了几个钱！

就在她还想努力弥补不足，琢磨着在工作之外发展其他副业来赚钱时，她发现先生出轨了。这让她十分愤怒，先生却很

不屑地说：就是玩玩而已，一切的原因都是因为你太好强了。

看在先生有意回归家庭，她也既往不咎。可是先生却不再愿意跟她发生性关系，说是身体的原因，她也认了。

但是半年之后，她发现先生仍然背着她在外面找其他女人，她再一次愤怒了，原来所谓的性功能障碍不过是一个幌子而已。

紧接着他们就陷入了你追我逃的模式，小 E 试图寻找一切证据，努力让先生认错，可她先生不仅不认错，还搬出了许多理由，将小 E 否定得一无是处。

就这样来来回回又痛苦了五年，小 E 时常想放弃这段关系，又觉得不甘心。

小 E 说："我要的其实很简单，我为他付出了那么多，他为什么就一点也看不到我的好呢？"

小 E 的模式，其实就是很多女性在婚姻关系里的痛苦路线图：

婚前，对方条件不够好，但是我不嫌弃，我感觉自己挺好。

婚后，无论工作还是孩子，我都两手兼顾，而你不顾家、不担责任，我再次自我感觉很好。

然而，没料到对方无所事事，居然还出轨了，我开始怀疑自己。

接着，即便你出轨了，你还是离不了我，承诺回归家庭，我又觉得自己很重要。

对方称自己性功能障碍，可还继续寻花问柳，又开始怀疑自己。

抓破绽，问真相，逼认错，证明对方错了，自己是对的。

…………

这样的自我证明，没有终结，没有尽头。幸福在哪里呢？

幸福看似近在眼前，却远在天边。

这就相当于，付出全部的努力去赢得一个认可，却输了全部。婚姻里每一个不甘心失败要去证明自己的人，换来的都是这样的结局。

想要在一段关系里证明自己，注定会输。若是希望通过一段关系来确认自己的重要性，就会时常感觉自己不重要。

归根到底，不是婚姻对女性太难，而是女性想要通过伴侣来认可自己、通过婚姻来证明自己实在太难。

01　不被认可时，努力证明自己有用吗

在婚姻里，为什么有这么多的女性想通过努力来证明自己呢？

她们活在一个想象的逻辑里：只要我做得好，我就应该被认可！

然而，这却不符合现实的逻辑。

现实的逻辑是：

并非你做得好，对方就会觉得你好；

并非你做得好，对方就会看见并认可你。

只有当你符合对方眼里所期望的样子时，你才会被认可。

倘若你的伴侣根本不清楚自己想要什么，同时又很自卑，连认可自己都做不到，那无论你做得有多好，他都不可能做到认可你。

当一个女性感到自卑，想要在关系里获得更多的安全感时，就会不自觉地想要通过做得更好来证明自己。

而这在男性看来却是竞争和控制，会把原本就具备争强好胜天性的男人变成一个关系里的战斗机。

所以，当女性站在这个自己并不擅长的赛道上，与男人一较高低时，的确可能做得很好，却又会十分痛苦，因为她可能永远无法获得自己想要的认可或者幸福。

这无非只有两个结局：

· 第一，努力到极点，获得了对婚姻关系的控制，却无法获得认可和爱。

· 第二，努力到极点，直到最终放弃关系，却仍然感觉自己没有价值。

这就相当于，拼死守护自己攻下来的空城，或者是绝望地放弃自己攻下来的空城，一样都是空城。

所以，无论一个女人多么期望获得认可，只要当她选择以证明自己的方式去寻求认可时，这样的期待就不能如愿。

02　在婚姻里接受会输的事实，你就已经赢了一半

说到婚姻里的输赢，我想到以前跟我先生的那些激烈的

斗争。

我拿驾照十多年了，但是因为平时交通很方便，出远门都是他开车，所以我一直没有好好开过车。

今年初，我心血来潮一定要开车，并且在心里暗下决心一定要开好。

这本是我跟自己之间玩儿的游戏，可是每次我一坐上驾驶位，就感觉到我跟我先生之间紧张的氛围。

他的每一个建议、每一种语气、每一声叹息，我都很在意。因为我很在意我开得好不好，更在意他认为我开得好不好。

说到底，对于开车这件事我不太有信心，我就很需要得到他的认可。

于是，我次次都兴致勃勃地争着要自己开，然后次次开，我们次次吵架。

有一次我生气到了极点，一边开车一边跟他吵架，飞速过了一个弯道，没注意右边的道路变窄，直接把车开进了路边的沟里。

我先生抓狂到了极点，我在一边也愣住了，旁边路过的司机指指点点："这肯定是女司机开的车。"我感觉有点出糗，但心里却有点小高兴。

一是新车要修，这让他无比心疼，我终于出了一口气；二是我得承认自己开得真不怎么样，并且心态上也不如他淡定，接受这一现实，我反而觉得轻松了。

从此之后，我再也不用纠结要不要表现一下，而是想开时就开，也不想再证明什么，能安全到达就好。不想开时坐在一边听音乐、哼哼歌，看看风景也挺好。

我一开始太想要证明自己开得好，却没有意识到这种对被认可的极度渴望已经超过了开车本身的意义。

实际上，我还挺喜欢自己能输的，因为我还想要被他多照顾一点，还想要被当成一个女人来疼惜。

或许一个女人最怕的不是在关系里会输，而是没有人让你输，当你赢得所向披靡，却找不到自己的位置时，这才是最痛苦的。

当一个女性没有获得想要的肯定时，就会想要通过争斗来获得认可。可是，这恰恰是最失败的一条路，因为男性的优势在于边界和强硬，女性的优势却在于情感的丰富和柔弱。

女人需要男人，女性有着男人难以具备的柔韧和美好，所以男人才需要女人，关系才需要男女的结合。

男性思维会以解决问题为导向，会想怎么变得厉害，然后可以让一个人心悦诚服。但从女性思维来看：我需要你，可我为什么要控制你？

在咨询中，我经常看到很多跟妻子针锋相对的先生，说着心里的伤痛便掉下泪来，他们在争斗面前一点也不会屈服，可是只要对他们稍微多一点关心，他们就会卸下戒备，露出自己最脆弱的一面。

所以，无论是男人还是女人，终其一生，都在等待着自己被看见，这才是一段关系的亲密和连接所在，而这跟好不好没有关系。许多人恰恰是太重视自己做得好不好，才既丢了自己，也丢了幸福。

愿更多的女性可以放开从婚姻里寻找认可的执念，向内去探索自己和疗愈自己，获得更多情感的滋养和靠近幸福的机会！

3. 婚姻的困境，是一个人内心最孤独的战争

一个个案中的先生出轨了，他的妻子无比痛苦，想找闺密排解内心的烦闷。

闺密 A 说：“现在男人有点问题太常见了，多想想你的孩子，忍忍就过去了。”

闺密 B 说：“如果你实在受不了，那就离了呗，为这样的男人纠结不值得。”

她说：“我知道她们说的都对，但我就是做不到不纠结。”

面对婚姻里的困扰，一般会出现这样两种情形：一种是希望自己赶快放下，又会因为自己放不下而责怪自己不够强大；另一种能在有人劝自己要么忍要么离的时候保持清醒，知道问题远没有别人说得那么简单。

但不论是哪一种，遇上婚姻问题，就注定了这是一场一个人内心最孤独的战争，一开始你还愿意跟别人讲，可越讲就越觉得不想讲、不值得再讲以及无人可讲。

01 为什么婚姻问题会让人如此痛苦

在这场最孤独的心理战争中，最常见的状态就是：

一开始总想努力挽救婚姻，努力失败时想马上离婚，等无法做出离婚的决定时，又只得想办法改善婚姻。这样的冲突周而复始，无限循环。

最痛苦的婚姻不是夫妻关系中实际发生了什么，而是一方进入了一个跟自己绕圈子的过程。

用付出努力的挫败去摧毁自己建立起来的一个个希望，等摧毁以后又想重建更多的希望来安慰自己。

在这一阶段中，很多人希望知道怎样做才是对的。事实上，不管做什么都是错。

大多数人一边想离婚又一边担心离婚带来的不确定，所以只得拼命用无效的方式在关系里努力。

当无数次受挫之后，你可能会很不屑这样的自己，但你仍然需要理解这是一个自我修复的正常过程。

你首先需要尊重自己是一个正常人，有很多想法可能是自己不希望出现的，承认在夫妻关系里自己有时候是无助的、失控的甚至是没有价值的，才能重新开始成长。

如果过去没有任何一段关系让你学会为自己而活，那么痛苦的婚姻会是一个非常好的机会，让你重新经历成长的第一步：

一边寻找自己，一边怀疑自己。

02 婚姻问题，凸显的是自我发展的问题

1981 年在美国，有一个研究，寻求心理治疗的人中有 50% 的人是咨询关于婚姻的问题。

并不是其他问题不重要，而是很多以前觉得不重要的问题，到了婚姻里才被凸显出来。

当一个人自我发展遇到问题时，问题自然就会在婚姻关系里体现出来，而婚姻关系恰是除了跟父母关系之外，渗透性最强、最难割舍的一种特殊关系。

可以这么说，如果婚姻让一个人无比痛苦，这种痛苦可能早就在更早期的关系里出现过。

在我经手的案例里，总是很容易发现一个现象：

婚姻痛苦的人，在跟父母的亲子关系里也常常很痛苦。她们既无法把父母变成期待的样子，也无法疏远跟父母的关系，还不得不忍受跟父母相处时的各种边界不清的纠缠。

而到了婚姻里，面对的是同样的冲突，既难以被理解，也无法离开这样的关系。

所以，在你成长的经历中，如果没有一段关系允许你的自我在各种不确定和自我怀疑中登场，并支持它发展到稳定，那么几乎在每一段关系中你都很难有勇气去活出自我，要么默默承受委屈，要么愤怒反击。

在心理学上，把这样的自我发展的过程叫作分离个体化，是指一个人脱离原本所依赖的家庭而形成自己独立个性的过程。

当一个人进入青春期，就会产生很多关于自己的认识，如果你的父母恰好也准备好了在你的成长中完成一场得体的退出，那么你就可以通过自我探索来开始建立起独立的自我。

然而，因为各种原因，许多人没有好好完成这样的分离过程，在自我开始萌芽时，不得不把内心的成长渴望压抑下去，在关系里委曲求全，有时候又不得不选择用激烈的叛逆的方式去保存自我。

这就成了关系里两种原始的模式：讨好和攻击。

到了婚姻里，这样的模式依然随处可见。分离个体化未完成的人，既无法在关系里做自己，又不得不用尖锐的攻击去推开关系，也很难得体地结束一段关系。

既想离开又离不开就成为一种痛苦的关系重复，这是我们试图在关系里活出自我时失败的一种体验，也是我们重新成长、完成分离个体化的重要机会。

婚姻关系看似选择自由，但从心理层面上来讲一点也不自由。如果你在原生家庭中没有机会学习为自己而活，那么在进入婚姻关系时就会自然为了婚姻而活。

实际上，真正衡量一个人心理成熟的标准，不是能否离开一段痛苦的关系，而是你有没有更多在关系里活出自我。只有学会了在一段关系里做真实的自我，才不会总是把不同的关系变成伤害自己的样子。

03 当你想离开婚姻时，其实是想离开被扭曲的自己

对于没有得到充分成长的人来说，婚姻会让人痛苦，但也是再一次成长的机会。对婚姻的纠结，看起来是一种羞耻，却是一种内在真实力量的初始展现。

如果过去的自己，是因为没有选择不得不做出很多违背本心的决定，那么当你对婚姻纠结时，就不必赶快找到一个办法让自己改变，你已经足够痛苦了，就不要用外界的更多要求去扭曲自己了。

当你正在为情感而纠结时，如果理解了自己内心冲突背后的自我成长渴求，就不会真的在选择这件事上去纠结，而是借助痛苦的力量去一点点确认、一点点找回真实的自己。

每一个在关系里活得压抑的人最应该明白的是，当你内心有渴望却做不了决定时，新的挑战就已经来临，只有你可以从过去的被扭曲的自己里破茧而出，你才会有机会真实地理解婚姻，而不是把所有自己成长的不满都投射到婚姻里。

对于这个过程，我最喜欢的一种描述是：

成长就是你带着父辈于你心灵中刻下的烙印去生活，当那些陈旧的生存法则不再管用时，你开始思考应该成为什么样的自己，终于有一天，你像在火山灰里刨出尚存的生命一样，发现了那个被养育淹没掉的真实的自己。

所以，对婚姻的纠结和痛苦，相当于是一个人在成长过

程中去尝试忠于自己最原始的样子。本质上，每个人都需要经历这样一个与自己激烈碰撞的过程，才能学会在关系里做自己。

4. 在婚外情背后，是一个不想看见的自己

在很久以前，我听过一个故事。

一个人一直在路灯下转来转去，转了一个多小时，别人问他在干什么，他回答说：“我正在找我丢的钥匙。”

“你的钥匙在哪里丢的呢？”

他说：“我一出门就发现钥匙丢了。”

“那你为什么要在这里找，而不在丢了的地方去找找看呢？”

他说：“因为这里有光啊！”

对于很多人来说，出轨就像是这黑暗里的灯光，可以看到希望。

同样，对于被出轨的一方来说，从道义和责任上去谴责出轨的人，都是试图在这里寻找让婚姻起死回生的希望。

实际上，无论你是支持出轨，还是抨击出轨的人，都是在路灯下寻找钥匙的人。而真正的钥匙，往往藏在那些我们不愿去往的暗黑之处。

01 婚姻里为什么会出轨

因为工作的关系，我听到过很多关于出轨的描述，比如：

·我从没有想过自己会出轨，但事实就是这样发生了。

·我其实很爱我的家庭和孩子，却不知道为什么还会出轨。

·这段关系给了我从未有过的感觉，真是太特别了。

·只有当我跟他/她在一起时，我才感觉自己是活着的。

·……

如果我们细致地去体会这些话，就会发现出轨其实是在感觉层面发生的，无关道义责任，也经不起现实考量，而是漂浮在一种理想化的位置。

所以，这会令许多人百思不得其解：他/她找的那个人看起来不怎么样啊？怎么会去找那样的一个人呢？

同时，如果你问很多人，你会跟出轨的对象走进婚姻吗？很多人的回答是不会。

正因为是在感觉里发生，因此无论我们多么细致地分析关系现状，如何改善，如何保证不再发生时，都很难奏效，因为这就好似钥匙在其他地方丢了，我们却还一直在路灯下寻找它。

对于心理发展的过程来说，如果我们真正想要一种感觉不再具备破坏性，最好的方式不是去抑制它，而是去理解它。

这种理解，不是赞同，更不是先入为主的评判，而是允许自己先离开光亮的地方，去探索那把藏在黑暗之处的钥匙。

每一段出轨的婚姻，都可能有着不同的差异，比如：

· 有的婚姻常年争吵不断，不知道如何解决困住他们的问题；

· 有的婚姻能满足所有的生活功能，但是缺乏亲密；

· 还有的婚姻聚少离多，其中某一方长期感到孤独；

· 也有模范夫妻，看起来一切都好，却活得太压抑了。

固然许多现实的问题会导致出轨，但更核心的部分在于：当一个人感觉里的某些部分，无法获得一个恰当的指向空间时，出轨这件事就更容易发生。

有一些男性来访者说："我的妻子很好，对家庭付出很多，可是我却总觉得缺少一点什么。比如，她总是想要指出我的问题，给我建议，而我只是需要她好好听我讲话，能够理解我的感觉。"

也有一些女性来访者跟我说："我的先生其实并没有那么糟糕，只是有时候感觉生活太沉闷了，生活、孩子、家务，我不想就这么过下去，出轨的感觉就像在找一个陪自己做梦的人。"

无论男女，几乎每一个出轨的人，都有一些强烈的感觉需求无法被满足。

我们都知道，婚姻是一段实体的关系，而婚外关系并非如此。

恰恰是这些看起来接近现实，但是又可以永不落地的虚幻，能够满足感觉里的指向。

而如果你要让一对婚外的关系，走进婚姻的实体，却是最大的考验。这意味着这段关系存在的核心将会消失，取而代之的是曾经两个人最想逃离的地方。

所以，婚姻的出轨，实际上是一种自我整合的未完成。当你的内心有了一些悬浮的感觉，既无法付诸现实，也无法通过自己去压抑或整合，又无法通过恰当的关系去容纳时，就有可能会指向出轨。

02 出轨带来的深刻启示，是在婚姻里找寻自己的无力之处

本质上，人的生命的活力都包含了这个部分：就是通过不断探索、更新和发展自己，不断完善和整合对于自己的定义。

如果我们处于这个流动的过程中，就会感觉自己的生命充满意义，同时自己也感觉更有精神、更有创造力和满足感。

对大多数人来说，婚姻关系会伴随着我们很长的时间，如果在婚姻之中，无法继续更新自己的定义，我们就会感觉萎缩、消沉，就期望寻找其他的激活自己的机会。

或许有的人会说，我又不是不允许她/他发展自己，我是支持的啊！也有的人会说，我不是不想发展自己，不过要知道婚姻里有很多责任要承担的，感觉太难了！

一个人的发展，最先指向的，其实是感觉的位置。这就是为什么很多出轨的人会说，我觉得自己在婚姻里不被看见。这些希望被看见的、被接纳的，就是感觉的部分。

那么，为什么感觉里的部分被看见，对于许多人来说非常重要呢？

因为任何现实中的行动和成就，都是先有感觉，再通过感

觉被容纳，最终才能落地成为现实。如果我们很快用现实的逻辑去评判这些感觉，这些孕育成功的种子就会胎死腹中。

然而，死了还不够，我们生命的本能还要继续寻找，还要找到一切适合自己的机会去孕育这颗种子。

本质上，我们心理咨询做的就是完成这样的未完成，给感觉充分的空间，直到它可以自然地落地生根，开花结果。最终，让这样的一种自我整合，逐步发展成为自己具备的一种能力。

然而，在现实生活中，当一个人常常面临很多困难的挑战，又无法完对自己的感觉进行这样的整合时，出轨就为他们提供了这样的替代空间。

对于一部分人来说，哪怕现实已经没有多少可能，或者很难看到可能时，因为出轨，让他们的感觉可以暂时再飘一会儿，像重新活过来了一样。

所以，如果生活里可以让你放置感觉的空间太少，而你又特别希望自己还可以不一样，那么不知不觉中，出轨就会对你形成致命的吸引力。

所以，面对出轨，我们不能只看到光亮之下的表面问题，而是要看到问题的背后，是每一个生命本能在寻找自己的无力之处。

出轨，显然不是一个是否应该受到谴责的问题，我们要去理解其深刻意义，去探索自己生命的议题，以此重新定义自己的坐标和位置，以及学会更好地在婚姻里活出自己。

03 你要找的钥匙藏在哪里

著名的情感治疗师Esther Perel在她的TED演讲《重新认识出轨行为——给所有经历过爱情的人》中讲过，有时候当我们在寻求婚外异性的关注时，不是我们厌烦了伴侣，而是我们厌烦了自己。

我们在寻找另一个自己，而不是另一个爱人。

那么，既然是寻找自己，我们又为何不通过好好地探索自己，让内心建立更多的连接，用更有建设性的方式去定义自己呢?

很多出轨的人都特别害怕更仔细地思考出轨这件事情，他们很怕一旦这么去做，那些出轨所承载的虚幻梦想可能就会随之消失。

与此同时，他们更担心会因此陷入抑郁，人生将就此没有任何新的希望和可能。

实际上，无论别人如何看待出轨，出轨背后的感觉需求依然存在，也依然重要，你不需要去压制这些感觉，而是要让自己有机会去识别这些感觉，直到把这些感觉整合进你的生命。

同时，我们也要看到，想要减少婚姻出轨的可能，就需要婚姻是流动的，充满生命力的，这意味着婚姻中的两个人既可以充满烟火气地生活，同时也不失去对自我、美好和梦想的追求。

唯有这样的虚实结合，让彼此一直处于成长中的样子，才是一段好婚姻的最终归宿。

如果婚姻中的一个人不想再定义自己，不再想要活出自己，那么婚姻就容易变得死气沉沉。

只剩下现实的婚姻，就会遏制生命本能的发展。

总的来说，出轨对于婚姻是一次巨大且强烈的冲击，每一个身在其中的人都会感受到不容易。但是透过婚姻的出轨，每个人都有机会完成一次对于自己人生意义的深刻整理。

比如，对出轨的一方来说，你可以问问自己：我知道自己在出轨时寻找的是什么感觉吗？这些感觉对我的人生有着怎样的意义？

对于被出轨的一方来说，你也可以问问自己：我是否为这段关系付出了太多，不再有更多的空间留给自己，不再重新发展自己呢？

离开没有希望的光亮，拥抱充满希望的黑暗，是勇敢者的选择。

我们每个人都应该主动去探索自己的人生意义，而不是只在出轨或者被出轨里无力地找寻自己。

或许，最终，不是我们改变了婚姻，不是我们幸运地套牢了某一个人，而是婚姻教会了我们，永远不要忘记理解自己，永远不要放弃探索自己。

第三章

婚姻到深处，看见的全都是自己

1. 女性情感的憋屈，只因眼里从来没有自己

说起婚姻中的诸多憋屈感受，小雷算是通通中招了。事业发展受阻，夫妻关系淡漠，养育孩子的挫败感，当一个个浪头打过来的时候，她只能在心里暗骂丈夫：他怎么能这样狠心，他可以不管我，但怎么能不管孩子呢？

接下来她又开始自责：还是我太傻了，如果早知道他一直都是这样，知道他不会改变，我就应该早点跟他离婚啊，生命中宝贵的时间都被他给耗没了啊！

可是，骂过了、自责过了呢？

我们可以想象，回到她的生活里，她还是会像以前一样去努力改善关系，继续憋屈，直到忍无可忍了，再一次情绪爆发。

这到底是怎么了？一边狠狠地抱怨自责，另一边不断重复着痛苦的模式，中年女性的情感憋屈困境，真的就没有出路了吗？

01 女性的婚姻困境：越努力改变关系，活得越憋屈

我有一位女性来访者，她的丈夫屡次出轨，一开始丈夫会信誓旦旦乞求原谅，但是到后来就无所顾忌了。

她跟我哭诉："我还能怎样？

"一开始我还可以用离婚去吓唬他，到后来估计他摸清了我的心思，知道我离不了这个婚，就更加不把我放在眼里了。

"我只能顺着他依着他，家里的事已经不让他操心了，他对我还是冷漠得如同路人，我还能怎么办？"

她的言下之意是说，你看，我已经努力做得很好了，做得不好的人是他，所以都是他的错，我能怎么办？

婚姻关系是一个非常复杂的系统，很多人不愿意理解这种复杂，于是不断把这种关系简化，到最后就只剩下：都是你的错。

这是最简单粗暴的关系处理思路：当我努力做到最好时，你的错误就愈加明显，然后你就应该改变。

这也是为什么一旦关系出现问题，很多人就会用自己的拼命努力，来试图改变对方的原因。

当一个人努力改变对方的时候，其实有一种强烈的自己不配得到的感觉，潜台词就是：我觉得自己现在的位置很糟糕，所以只有当我做得更好时，我才值得被你更好地对待。

这种感觉的核心是：我不够好，我也不值得你对我好。

那么，围绕这个核心的感觉，但凡我们需要对方的任何付出，都会要求自己加倍付出，甚至加倍付出也换不来对方的付出，

这个系统的外围特征就会开始显现：你没有被好好珍惜。

既然没有被好好珍惜，那么更加努力的付出能不能换来被好好珍惜呢?

有可能不会，也有可能会让对方改变一点点，因为内在的模式并没有改变。只有你觉得自己不应该被好好珍惜时，你才会拼命努力，结果所印证的就是你不会被好好珍惜。

所以，女性绕不出来的情感困境，其实包含着一个逻辑：我们只不过用努力在跟自己绕圈，所绕开的是我们对自我感觉糟糕的部分。

因为自我感觉糟糕、自我评价极低，所以才会希望用更多的努力来获得正面的反馈，好掩饰这些内心的糟糕感觉，所以其实是跟自己的关系出了问题，却用力去改变外围的关系，这显然不会真的有效。

这就是为什么很多女性会一直活在痛苦里，因为她们把所有的力气都用在了改变彼此的关系上，以为拼命努力就是在成长，却不知这只不过是一直重复过去的模式。

02 关系的真相：自我足够稳定，才会有舒服的关系

跟别人的关系是外围表现，跟自己的关系才是核心源头，每一份外在的关系都在上演着你跟你自己的关系。

在我的原生家庭里，有一个很大的创伤事件。

我妈妈在生我之后又怀了第二个孩子，但是因为奶奶的强

烈反对，最终在这个孩子 7 个月的时候引产了。

这个被打掉的孩子，引产时已经发育完整了，还是个男孩。

这成了我父母心里永远的痛，直到奶奶去世，我妈一直在埋怨奶奶：如果不是她，就不会……

可是，或许我妈永远都不敢真正面对，其实是她亲手杀了自己的孩子。

因为她脆弱的自我，无法去确认自己的感觉，以及有自己确定的想法，所以在别人要伤害她的孩子时，她默许了。

我妈妈的经历，形象地展示了女性是如何在人与人的关系里活得越来越憋屈的。

在各种关系里，任何一把深深刺向你的刀，都有你自己的参与。不是别人伤害了你，而是你在不知不觉中默许了别人的伤害。

而在所有走不出的伤痛里，大多藏着这样的秘密：即便自己已经遍体鳞伤，也不愿承担起保护自己的责任。

要走出伤痛，只有重新正视自己，让尘归尘、土归土，深刻地看到对自己的伤害，从心里对自己感到抱歉，才能让伤害不再来。

唯有自我足够笃定，并且拥有更清晰的自我意识时，才不会允许别人随意来伤害自己，也才会拥有更舒服的相处关系。

03 生命中最重要的事，就是重新打通你跟自己的关系

要真正走出关系的困境，最重要的是重新打通跟自己的关系。

自我是我们的一道防护墙，我们的防护墙可能被击毁了，也可能从来没有建立起来。

这时候，如果我们拼命去责怪别人为什么要攻击自己，或者是努力让别人手下留情，都是没用的。

我们想要在关系里自由行走，想要自己更少受到伤害，就需要先筑好自己的这道防护墙。

若是没有承担起筑墙保护自己的责任，我们就等于在别人拿起冲锋枪的时候，默许别人可以随意伤害自己。

当你很期待自己可以有一段更好更深入的关系时，这段关系对你来说反而并不是最重要的，重新打通你跟自己的关系，让自我变得更稳固结实才是最重要的。

你需要给自己一个温暖的、可容纳的、自我支持的空间，你才会在外围动荡的关系里有个永远的归处，才不会用轻易伤害自己来维系关系的存续。

当和自己紧密结盟，你就可以在任何关系里进退自如，知道自己可以做什么，不可以做什么，也就没有人可以伤害到你。

对于婚姻中的女性来说，每一份情感憋屈，每一次兜兜绕绕的伤痛困境，都应该被转化成看见自己、陪伴自己和打通自己的动力，毕竟只有你最在意你自己过得好不好、伤得痛不痛！

2. 婚姻，真是一件拼“家底”的事情

过去的婚姻常常讲究门当户对，不对等的外在经济条件，会成为难以逾越的婚姻阻碍。

而如今，每个人都有更多的发展机会，婚姻看起来也不再是一件必须拼家底的事情。然而，当家底的比较不再奏效，有些差异看起来似乎更难以理解了，比如：有的人条件一般，却可以找到包容又有耐心的好伴侣。也有的人本身条件不错，又努力又上进，在婚姻里却总是被挑剔、否定。有的人在婚姻里从不主动付出，却可以活得心安理得，还能被关心和照顾。也有的人在婚姻里付出无数，却仍然十分忐忑，总觉得自己做得不够好。

这种婚姻里呈现出来的巨大差异，显然不是由外在物质条件所决定的。那又是由什么决定的呢？

这就是我们看待关系时，最容易忽略的一部分：内在的心理结构。也就是说，表面上大家不再需要拼家底了，实际上，却是在拼一种隐形的内在“家底”。

01 “家底”薄弱的人，在婚姻里会极其被动

我有一位来访者小伦，她在婚姻里总是感到很委屈，抱着找解决办法的期待前来咨询。

在咨询中，她最习惯问我的几句话是：“我这样做是对的吗？”“是不是我不该这样想，不该这样认为，不该这么看待这个问题？”

我问她：“如果我说是，你的感觉会怎样？如果我说不是，你的感觉又会怎样？”

她说：“如果你说是，我就觉得自己有问题，应该改变；如果你说不是，我就觉得我没有错，是对方应该改变。”

我继续问她：“那你希望我说是还是不是呢？”

她沉默了一会儿，笑了。“其实我也不太清楚。很希望你说不是，但如果你说了不是，我还是感觉这是我的问题。所以，很多时候，我都不知道自己应该怎么做，常常既想做某件事情，又觉得不该那么去做。”

这种总是感觉自己不够好、不应该的感觉，一直伴随她的整个成长经历。当她进入婚姻时，她也常常感觉受到丈夫的指责、挑剔和不理解，每当遭遇这些时，她的心里总是一边翻江倒海，一边默默承受着委屈。

她几乎没有任何力量去扭转他人对她的错误理解，反而会不自觉地把别人的评价内化成对自己的怀疑和攻击，把所有自然涌现的自我感受都当成了不应该或不理智。

那么，是什么让她在关系里变得如此被动，并一天天忍受着日益增多的委屈呢?

02 婚姻里最重要的“家底”，是你能否接纳真实的自己

我以前听别人讲过一个很现实的问题。

一位女性，如果能获得娘家无条件的支持和接纳，她在婚姻里就可以刚柔兼备、温柔得体；相反，如果她获得的不是支持和接纳，而更多的是否定或打击，那么她将不得不在婚姻里变得小心翼翼，或者总想要努力控制。

在我们的内心感觉里，也是一样的。

当我们失去了一个可以进退自由的空间时，我们就只能要么把自己藏起来，用讨好和迎合来避开所有可能的冲突或矛盾；要么就像一个麻木的斗士一样，不顾一切地想要去获得关系里的正义，哪怕让自己遍体鳞伤。

因为没有退路，在战场上，就只能要么战死，要么当逃兵。在一段关系里，就只能要么委屈自己，要么像个失去理智的“斗士”。

如果在客观的现实生活里，我们无路可退的话，那在内心世界里，我们也不能允许自己后退。

我们总觉得自己有些地方太糟糕，所以我们要咬牙挺住，好让自己看起来显得好一点。实际上，为了向别人展现一个“好”的自己，我们承受了太多的代价。

看起来努力做“好”，让别人对自己的感觉好一点，实际上只是在不断试图取悦一个根本无法取悦的自己。

那个自己，对自身就是非常挑剔，就是不接纳，就是觉得自己很差劲、很糟糕、一无是处。

任何别人的怀疑和不认同的语调，任何关系里的紧张和压力，都可能启动一次“挑剔自己”，造成对自己的全面审视和无底线攻击。

在关系里，重要的不是别人有多么挑剔你，而是你有多么不能接纳自己。

许多时候，我们在婚姻里发生的无解冲突，归根到底，就是我们跟自己的冲突。那些在婚姻里“家底”弱的人，往往在关系里付出最多，也可能表达得最多、说得最用力，却总是被忽略和被伤害，那是因为我们失去了一层“自我接纳”的保护膜。

03　充实自己的“家底”，是好婚姻一辈子的需要

现实生活中，我们经常看到，一个“家底”不差的人，可以把一手的烂牌打成王炸；相反，一个“家底”亏空得厉害的人，可能白白错失很多好的机会。

这其中有一种很重要的因素，叫作掌控感。

当你有掌控感时，你的力量就会内收，你就可以有空间来思考和觉察，你就可以有意识地为自己做一些更好的选择，别人自然就会更加尊重你。

当你失去掌控感时，你就会非常想要回避问题，或者活得非常用力，内心会被很多的情绪占据，没有空间去觉察和思考，任由自己被感觉推着往前走。

掌控感，不是指我们真的要去掌控关系，或者是掌控某一个人，而是指我们感觉到内心的充实所带来的稳定感，是我们相信自己可以面对一些不确定问题的能力。

能够直接带来这种掌控感的方式，就是充实自己的“家底”，就是学习自我接纳，就是让自己的内心有一个属于自己的、永不动摇的安全基地。

所以，那些在婚姻里获得幸福感的人，其实一生都在做一件事情，就是充实自己的“家底”；而那些总是身处关系旋涡中的人，就很容易把自己陷入矛盾和对抗中，去证实自己对自己的那些挑剔，让自己的“家底”变得愈来愈薄。

当我们像剥洋葱一样层层剥开婚姻问题时，最终看到的都是我们与自己的距离。为什么有时候我们会在关系里，苦苦追求他人的看见、理解和认可？那是因为我们对自己的不理解、不看见和不认可。当我们失去了对自己的意识和觉察，我们就会觉得自己是关系里最委屈的受害者；当我们看到自己的脆弱和伤痛，我们可能就会明白：是自己亏欠自己太多，是我们对自己的粗暴和没有耐心的评判，阻挡了让自己变得更结实的可能，也阻挡了这段关系向阳光处生长的可能。

所以，当你发现自己身处的关系总是很糟糕时，你不需要去责怪自己，而是需要更好地理解和接纳自己，因为真正打开关系谜题的那把钥匙，可能就藏在你心里。

为什么我做婚姻咨询师，最终会将答案指向自我成长，因为婚姻里最重要的问题从来不是评判谁有错，而是关注个人的伤痛和脆弱。一个人只有自己被看见和被容纳时，在关系里才不用费力地掩饰和躲藏，才能更自由地活出自己以及被这段关系滋养。

或许，这对一部分人来说，是一门非常不容易的功课，如果可以选择，这可能真的常常会让人想要避开。

但无论是对于婚姻，还是对于任何关系，或者是对于所有人来说，这都是一门必不可少的功课。

本质上，我们每个人都可能会一直走在充实自己“家底”的路上。

有的人过去“家底”很薄，但是通过一些恰当的方式去让自己成长，生活就可能逐渐变成另外一个样子。

有的人可能以前“家底”足够，但是走着走着，因为对方成长得太快了，就可能感觉自己“家底”不够了。

也有的人一直都好好的，但是突然遇到一些很挫败的事情，掌控感和自信心被损耗得很厉害，那就需要一个空间来让自己获得复原。

所以，最根本的问题，不在于婚姻里可能会出现“家底”的不对等问题，按照正常概率，这是件常见的事情。

重要的是，当你的“家底”变得很薄，或者内心伤痕累累时，你有没有看见这种变化如何影响到自己，在关系里有没有经历试图去逃避、控制以及失去自我的过程。

如果看见了，你就可能放弃自责，从内心里升起一种慈悲，给自己足够的空间去平复伤痛，重新充实自己的“家底”。

当你内在的掌控感得到修复，它才能护送着你穿越关系里的摩擦和碰撞，到达相互理解和彼此滋养的柔软殿堂。

3. 如何找到婚姻中的平衡？答案在自己这里

在电影《危险方法》中，再次出轨的荣格，被前任情人问到“你是怎么做到的？”时，他说：“我妻子是我生活的一切，而她是我生活中的香水味。”

荣格的话，道出了许多已婚男人的心声。只是尽管许多人已经身在其中，却没有像荣格一样清楚地看到自己在做什么。

而对于在婚姻里的女性，很多人把婚姻当作全部来付出，却又总是埋怨，也很难觉察到心里藏着怎样未曾意识到的渴求。

激情和平淡，看起来是生活中对立的两个面，却又是每个人都逃不开的真实需要。

仅有激情的生活，可以像烟花一样绚烂，却转瞬即逝；仅有平淡的生活，看起来很真实，却像死水一般孤寂得让人想要逃离。

这两者决定着一段关系的平衡，但如何把这两者融进同一段关系，把两种感觉聚集在同一个人身上，却是不小的难题。

那我们该如何在婚姻里找到这两者的平衡呢？

01 婚姻需要的不是绝对平等，而是动态平衡

婚姻最无奈的时刻莫过于：向前走，走不动；向后退，退不回。

简单来讲，就是在婚姻里，当一个人已经变了，另一个人被迫突破过去的阻碍而改变，但这个人可能会想“凭什么让我改变”，若固守自己的位置，或要求对方变回来时，关系就会被卡住。

所以，大多数的婚姻问题难以解决，主要原因是两个人成长的不同步，已经改变的那个人无法退回去，而被迫改变的那个人又很难到达新关系需要的位置。

即便这样，并不意味着成长不同步就是关系的终结。

当关系里更痛苦的那个人，只想拼命留住对方，用不断忽略自己的痛苦，去阻碍自己看见两个人的差距时，关系才会走向本质的撕裂。

所以，当婚姻变得平淡的时候，就像一潭死水在召唤活力的诞生。念念不忘，必有回响，新鲜活力一定会出现。

一旦其中一个部分被激活，整个水质都会发生根本的改变。

激活带来的结果，无非是两种：

① 一个人的成长带动另一个人的成长，婚姻进入全新的阶段。

② 成长快的那个人，远远抛开不成长的那个人，婚姻破裂。

那么，这两种结果的根本区别在哪里呢？在于关系被激活

后被迫成长的那个人。

有的人，遇到关系失衡时，即使感觉到不公平，也会用自己有意识的觉察，到关系的下一个阶段寻找平衡，这样关系就获得了根本的改变。

也有的人，遇到关系失衡时，只想要从对方身上找回关系的平等，找不回来就拼命纠缠，就会导致关系越来越僵化。

实际上，婚姻关系里的两个人就像玩儿跷跷板，没有一刻是绝对平等的。所谓平等，是相对于动态本质的基础上，找到的一种自我和关系的平衡。

关系本身是动态的，没有一个人有义务为你而停留在同一个位置，就像没有一潭死水能忍受得了另外一潭死水。

当你接受了婚姻的动态平衡，不再追求眼前的平等和不变时，你就会发现眼前要走的路有很多，这是婚姻给自己的挑战，也是自己的内心渴求，如何走好这些路，比辛苦留住一段婚姻重要一百倍。

02　伴侣会让你失衡，寻找平衡的人是自己

既然婚姻是一种动态平衡，就意味着很多时候会暂时失去平衡。

那么，又是什么维系着这种长久的动态平衡呢？是我们保有自我平衡的能力。

简单来说，当你进入婚姻之后，一定会有许多感到失衡的

时刻。

如果在失衡之后，你有能力维持自我平衡，你的婚姻就会走过这个失衡的位置，走向下一个平衡。

如果在失衡之后你被彻底打散了，你的婚姻就会卡在失衡的位置，无法自然过渡到下一个阶段，也无法重获平衡。

所以，在婚姻里，有一个基本的规律是：能维持自我平衡的人，更容易拥有幸福的婚姻；而无法在失衡后重获自我平衡的人，更容易进入痛苦的关系。

尽管维持自我平衡能力不同会导致婚姻走向不同，但每个人维持自我平衡的能力都是可以得到发展和提高的。

首先，我们需要意识到，无论被怎样对待，无论你有怎样的委屈、不满和愤怒，我们始终需要在经过一段情绪起伏之后，重新回头去整理自己，看清失衡对自己意味着什么。

在充分的自我理解之后，你可能会看到一些眼前的挑战，去面对这些问题，你就从失衡中获得了力量，重新找到接下来的方向，然后你的生命又得以向前流动。

这是一个人维持自我平衡的过程。

03　不避开婚姻里的问题，才有可能实现自我平衡

总有人在咨询中跟我说，我怎么这么倒霉，千挑万选，选出来的人还是出现了我担心的那个问题，是我的命不好吗？

实际上，如果你自己有一些未处理好的问题，进入婚姻后，

问题就会变得更明显。

因为，当你某个部分失衡了，你就会特别在意这个问题，而你惧怕的问题其实没有人可以替你解决，你会接着失衡，就难免会拿婚姻来出气。

所以，带着一个失衡的自我进入婚姻关系时，婚姻也很可能会跟着失衡。

人们常说，一段好的婚姻，可以拓宽你的眼界，打开你僵化的边界，让你变成一个更宽容、更柔软的人，好的婚姻让你不仅能与你的爱人，还可以与整个世界和谐相处！

而实际上，真正决定婚姻好坏的，决定着一些好的变化发生的，不是你的伴侣，而是你对待婚姻和自己的态度。

如果你感觉到自己的失衡，却不努力自我调节，实现自我平衡，而是完全指望婚姻能救你，那每段关系都可能让你失望至极。如果你认识到自己的失衡，是自己内在的心理问题未得到调适或解决，与另一半无关，你便不会过分依赖对方来拯救自己，而仅仅希望通过婚姻来理解自己，帮助自己去成长，那么无论跟谁在一起，都是一段重新塑造自己的好婚姻。

任何一段婚姻，都可能会给你一些限制，让你感到许多不满，如果你的眼里只有这些不顺心，那么你就可能为了改变他人而变得更僵硬，这就是重复痛苦的开始。

如果你能把这些意识化，去更深刻地理解自己，你就可能因此打开自己的局限，活出更自由的自己。

也只有更自由的、充满活力的自己，才能在一段平淡的婚姻中，活出自我，焕发对生活的激情，婚姻才会跟着重新走向平衡！

4. 你以为的改善关系，实际是在追求自我的独立

有些婚姻困境者来访，可能一开始会向咨询师提出这样的诉求“我知道这段关系不适合我，所以希望你能帮助我离开这段关系。”

然后，当实际进入咨询时，你会发现她一直都在谈一个潜在的诉求：我要如何才能改善关系，或者如何才能让他更听我的。

然而，下一次，她可能又会对咨询师说：“我觉得我们还是不适合，他一点变化都没有，我觉得我们还是要分开。”

再接下来，回到生活里，你会发现她并不会去做离开的事，仍然努力地改变关系。

这样的循环不断重复，在现实生活中很常见，就像许多恋人或夫妻，一会儿说要分手，过一会儿又要努力在一起。

其实有不少人在面对婚姻问题时，有这样的一个困扰：在一段关系里非常痛苦，却又离不开这段关系。

于是，很容易陷入结束关系和改善关系的两级摇摆：

· 想改善，改善不了，想结束。

· 想结束，又结束不了，再想回头改善。

那么，为什么我们对于一段关系的态度会如此矛盾呢？

实际上，理想的婚姻状态往往只是一个人内在需求的投射，究其心理根源，最根本的需求只有一个，那就是：要如何在婚姻关系里独立起来，让自己感觉更有存在感。

01　没有关系，我们也就失去了存在的意义

在关系里想分又分不开，其实是一种自我独立的需要。

我们想要努力地在一段关系里被看见，可当怎样都不被看见的时候，我们就会生气、愤怒地想要结束这段关系，来保持自己值得被看见的那份信念。

“因为我值得被看见，我值得被你更好地对待，所以当你没有满足我的时候，我才要跟你分开。”

那些在关系里痛苦、想要结束关系的人，实际上是为了保存自己心里一颗种子发芽的可能性。

但是，如果我们真的结束关系，就好比让种子直接离开了土壤，也就真的发不了芽了。

这就好比，当一个小孩离家出走时，他是希望通过这个行为来展现自己的力量和强大。

可是等真的离开了，自己也就焉了，因为哪怕是坏的确认，也好过没人给自己确认——后者会让我们感到虚空和无助。

关系就像我们的根，与我们产生连接，也让我们知道自己在哪里。没有了关系的牵绊，我们就像无根的浮萍，不知道自

己在哪里，也就失去了存在的意义。

所以，在关系变得无奈的时候，很多人想要结束关系，这是很正常的感觉。然而如果我们懂得自己内心深处的需要，就不会真的去结束这段关系，而是要去帮助自己内心的这颗种子更好地生根发芽。

02 为什么亲密关系总是让人感觉痛苦

我们保留的这颗种子，就是我们想要在关系里实现的自我存在感。

在婚姻关系里，我们常常看到很多喜欢控制人的丈夫或妻子。他们会要求对方：你要听我的！我说的是有道理的！你必须改变你自己！

为什么会这样呢？当一个人在关系里感觉不到自己的重要性时，就常常用这种让别人听从自己的方式，来确认自己是值得被爱的。

他们只有在感觉里确认自己是重要的、是值得被爱的，才会因为获得了自我确认，更敢于去追求自我独立，更敢于在关系里做自己。

这些需要，本应在原生家庭里获得满足。那些在原生家庭里无法满足的潜在的、独立的、被确认的愿望，会被我们带入亲密关系，寄托在那个最爱的人身上。

所以，当我们进入亲密关系时，那些过去被堵住的未被满足的需求，就会自然浮现出来，于是我们开启了亡羊补牢的过程。

我们多么希望，我们的关系可以符合自己期望的样子，对方可以变一变来满足自己，好让自己重新确认一次：我是重要的！

可是，当我们努力去经营关系、改变对方时，对方就会因为这种控制所带来的不自由，选择回避和逃离，于是我们再一次体会到过去的那种伤痛：我对你是不重要的，我是不被爱的！

看起来，很多人在想拥有一段更好的亲密关系时，实际上是想要通过亲密关系的确认，来实现过去未曾实现的自我独立和完整。

03 亲密关系，其实比原生家庭更有助于自我成长

在亲密关系的咨询中，我看到有一半甚至更多的女性，看起来是在苦苦地追求一段较好的关系，实际上却是在追求活成一个独立的人的权利。

因为原生家庭的压力，累积了委屈，曾经那个无助的自己，不被理解，不被看见，于是也不敢放开手脚去自我实现，去轻松地享受关系中的乐趣。

直到进入亲密关系时，对方可能很喜欢你、很在意你，你感觉到自己不再是一个人了，不再那么孤独了，于是那些封藏

许久的内在需要开始发芽，对另一半充满了期待。

这些芽啊，很细嫩，也很容易受伤，特别是我们曾经被伤害过。

小心翼翼地伸展自己，可是一不留意就碰疼了自己，然而这对你来说又是那么重要，所以即使伤痛也不会轻易放弃，于是我们就会看到文章开头我讲到的那个循环。

我们是多么渴望生根发芽，拼命地生长啊，所以才会一会儿想要放弃关系，一会儿又想在关系里寻找希望。

那些内心最原始的欲望种子，希望被看见的期待，一直都在那里等着你。

所以，有些关系无论是按照爱情和婚姻的标准来看，还是按照世俗的标准来看，怎么都不适合，可你就是喜欢跟那个人在一起。

如此，你渴望的其实不是关系，而是希望通过关系来确认自己，帮助自己完成自我独立。

幸运的是，大多数的亲密关系都很纠结，不能说断就断，于是我们就有了充分的机会去探索和练手。

你可以去充分体会那些在原生家庭里熟悉的，或者是从未有过的关系感觉，通过感受、觉察和整合，一点点地确认自己在关系里的存在位置，直到我们在关系里感觉到安全和踏实。

所以，很多时候，我们看起来是想改善亲密关系，实际上却是在追求自我的独立。并且如果你对自己有更多的好奇和耐心，你就真的有可能在亲密关系里实现自我成长，重新去活出你自己。

祝愿每一位在亲密关系里有过伤痛的人，都有机会从关系里获得疗愈和成长，活出更完整、更幸福的自己！

第四章

自我澄清：识别、理解和支持自己

1. 什么样的婚姻最令人绝望？答案是：我一直在忍你

我曾看到一则消息，一位妻子因为丈夫4天没洗碗而提出离婚。事件一出，舆论哗然。

在相关机构公布的离婚数据当中，和逐年攀升的离婚数字一样引人注目的是：女性主动提出离婚的占比高达 80%。

在另一项离婚数据中，有 34% 的起诉离婚的人是因为生活琐碎，这一项竟然高居离婚原因的第一位。

为何当婚姻出现问题时，女性更容易提出离婚呢？为什么生活琐碎居然可以成为离婚的主要原因？

这只有一个可能，婚姻里的很多问题，过去都被当成小事去忍，直到忍无可忍，才会不顾一切地想要脱离关系。

而这在男性看来，仿佛是在开玩笑，我打场游戏，几天没洗碗，没有陪孩子写作业，暂时忽略了你的感受，多大个事儿啊，至于要离婚吗？

真的至于！

因为对于在婚姻里忍无可忍的女性来说，离婚只需要一句话：真的受够了！

01 为什么遇到婚姻问题，大多数女性只会选择忍

如果你听到过女性抱怨婚姻，一定不会对这样的话感到陌生：

“等我独立了，我就不需要他了！”

“他敢再伤害我一次，我就跟他离婚。”

“等我再做好一点，我就没有遗憾了。”

“等到孩子长大了，我就不需要再顾忌什么了。”

当婚姻出现问题，等待是最痛苦的一件事情，这意味着现在的关系里出现了一些你无法或不愿面对的问题，你只能把希望寄托于未来的某个时刻。与此同时，选择了用忍去缓和关系里已经存在的矛盾。

往往女性一开始更在意婚姻关系，当出现矛盾和冲突时，为了日子能继续过下去，只能大事化小，而唯一的方法就是忍。

当然，选择忍耐，就是时刻忍受一种背离自己的压抑。

这会令人十分痛苦，那为什么还要忍下去呢？

因为，不忍耐的路，更艰难。

不忍，意味我们需要直面关系里的冲突，这可能正是自己在原生家庭里所看到的父母问题模式，当你曾亲眼看见他们的幸福就是从这个悬崖上掉下去的时候，自己又怎么有信心跳过这个悬崖呢？

所以，当一个女性的原生家庭里有着某种畸形的关系模式，她自己进入亲密关系后，就意味着必须面临一个选择：

· 要么，继续重复父母的畸形关系模式。

· 要么，为躲避原生家庭的模式，以另一种畸形的模式去维系关系。

· 要么，直面原生家庭的痛苦，走通父母不曾走通的路，去追寻属于自己的幸福。

重复父母的老路，谁都不愿意。所以，大多数的人会努力躲避原生家庭的模式。

选择躲避的方式就是忍耐，为了避开冲突和矛盾，隔离自己的感受，忽略关系里的很多问题。直到某一天，某一件事情彻底激怒自己，累积的委屈和痛苦一泻千里，就只想赶快逃离这痛苦之地。

所以，在亲密关系里选择忍耐时，并不是因为你遇到的人有多糟糕，而是你走到了一个无比陌生的岔路口，这条路你自己过去不曾走过，你父母的关系也正被卡在这里。

在这里，你会感到孤立无援：往前走，无比恐惧；往后退，无限痛苦。

然而，绝大多数的女性会选择往后退，因为在感觉里，已知的痛苦总是比未知的恐惧更安全。

所以，才会有很多这样的重复：一进入关系，就遇到问题，为躲避问题，只能忍耐，忍不了，绝望离开。

在这样的关系发展脉络中，最初选择忍耐，只是想要逃离原生家庭熟悉的烙印，可一旦做出了忍耐的选择，而不是去面对问题，因此痛苦也就远没有终点。

所以，婚姻走向绝望的起点，是从有一个人在关系里选择忍耐的那一天开始的。可以这么说，一旦选择了忍耐，就相当于选择了一场婚姻的慢性自杀。

02 “不敢独立、不敢自我、不敢自由”，你还在重复原生家庭的这个噩梦吗

从小受原生家庭影响的我们，如果觉得父母活得不幸福，大多很看不起父母的相处模式，想努力活得跟他们不一样。

小莉就是一个深受原生家庭影响的人。在她的印象里，父亲总是脾气暴躁、懒散无用，母亲总是整日辛劳、忍辱负重，两个人总是争吵不断。

当她意识到这些时，她就开始恨父亲的不负责任，恨母亲的优柔寡断。相比父亲，她更恨母亲的软弱。她发誓，决不能活成母亲那般纠结的样子。

成年后的她，经济很独立，遇到第一任男朋友，对她疼爱有加，于是很快进入婚姻。

婚后，丈夫对她也极其照顾，她心里松了一口气，感叹自己终于摆脱了原生家庭的命运。

然而，三年后，丈夫对她变得很冷淡，她开始发现丈夫跟别的女孩子聊得火热，这犹如晴天霹雳。

她想到过离婚，但是很不甘心自己的婚姻居然就这样失败了。

即便遭受如此巨大的打击，她的理性没有因此动摇过一丝

一毫，想着过去妈妈总是挑起家庭里的争吵，她选择了忍耐，想着聊天也并不代表什么，假装很平静地继续过日子。

她心里想，等他真的敢做出对不起自己的事情，她就会毫不犹豫地离开。

一年之后，丈夫真的出轨了，还跟她提出离婚，说她从来都不理解他。

她十分不解，为何自己不像妈妈一样纠缠、吵闹，婚姻仍然到了过不下去的地步？

她丈夫说："是啊！你是没有跟我吵，可是你没有感觉到你冷漠得不像个人吗？你从来只考虑自己的感受，有顾及过我的感受吗？谁愿意整天跟一个冷冰冰、没有感情的人过日子？"

小莉这才发现，其实自己并没有走出原生家庭的命运。妈妈的纠缠吵闹令她鄙视，所以她要理性，结果她成功地变得跟妈妈不一样了，付出的代价就是压抑了所有的情感，本以为如此就可以换取婚姻的幸福，可还是失败了。

看起来，她在婚姻里活得很独立、很自我、很自由，实际上这一切从一开始就是为了留住婚姻，正是因为害怕婚姻破裂，她才把自己变成一个极度理性的人。

所以，表面上她活出了自己的自由，然而在内心深处，她并没有获得独立和自由。

当她觉得只能跟妈妈不一样，她才不会在婚姻里痛苦时，她已经把自己的命运和婚姻捆绑在一起，不敢活出真实的自己。

问题在于，当她目睹了父母婚姻的不幸福，想要努力变得幸福时，她就站在了妈妈的另一个极端。

她是很努力了，但其实她跟妈妈一样，目的都是努力为婚姻而活，用压抑自己的方法去迎合自己心目中幸福婚姻的需要。

所以，如果你的父母有着极其不幸的婚姻，可能会不知不觉地影响着你，让你想要努力地活出婚姻的幸福。恰恰如此，这会压抑你自我的发展，让你最终成为一个为幸福而牺牲自我的人，不敢独立、不敢自我、不敢自由！

2. 不吵架的婚姻，是没有前途的

很多时候，我们以为一段婚姻走向结束，是因为糟糕透顶的相处。

可在现实生活中，那些过不下去的婚姻，其实并没有想象的那么糟糕。

只是，对许多人来说，努力过、挣扎过，也付出了太多，太难熬了，就只得离了。

“想过好，却过不好。在一起，又十分痛苦。婚姻啊，真是太难了！”

如今，这样的普遍性无助，已经成了婚姻里的一种常态。

为什么我们在婚姻里总是那么无助呢?

因为，我们都想让婚姻变好，结果却事与愿违。

很多人都想问的一个问题：如何不吵架还能让婚姻变得更好?

这句话是什么意思呢?

就是我希望我们的婚姻变得更好，但最重要的前提是不要吵架。

看看，就只多了一个前提条件，剧情就会有神转折，明明是想要婚姻变好的，结果努力践行的却是不要吵架。

在很多破碎和走向分离的婚姻里，我们很容易看到这样带着条件的神转折，也会看到这样的“婚姻禁区”，叫不要吵架。

01　吵架的婚姻伤人，不吵架的婚姻其实更伤人

在之前上映的电影《婚姻故事》中，妮可和查理是一对我们怎么都想象不到会离婚的夫妻。

妮可是一名演员，查理是一名导演，因为妮可出演的电影，让查理一跃成为知名导演，他们组成了家庭。

慢慢地，妮可的演绎功底日渐成熟，她有机会去外地参与一部电视剧的拍摄，却遭到了查理的反对。

查理多年忙于事业，对家庭疏于照顾，连赚来的所有收入都全部投入事业了，家庭全靠妮可一人支撑。

妮可想离开这段失望的婚姻，来追求自己的梦想，于是准备好了离婚协议，却始终说不出口。

即便关系里有诸多不和谐的因素，他们的婚姻表面看起来仍然很和谐。即便查理发现了离婚协议，也并不真当一回事。

他一直自我感觉良好，认为自己只要是在为这个家努力奋斗，妮可就不会离开他。

在这个时刻，妮可发现查理出轨了自己的女助理，她很气愤，

提起了离婚诉讼。

然而，她仍然在努力回避，不愿意直接暴露查理的问题。因为在她的感觉里，并不觉得查理很糟糕，也不想把他说得很坏。

对于查理也是如此，在他的感觉里，远没有到离婚的程度，他意识不到一直顺从体贴的妻子，原来心里藏着这么多的委屈。

他们都是如此理性、通情达理的人，从来没有脸红耳赤地争吵过，然而他们的婚姻，却早已经伤痕累累。

直到离婚的官司打到最后，为了孩子，他们才不得已痛快地吵了第一架。

虽然婚姻结束了，但这一次争吵，却让他们终于有一点理解对方了，离开也不乏温情。

他们的婚姻充满了遗憾，这样的例子，在现实生活中却并非个例。

我们觉得，看似好好的关系，怎么都不可能说散就散。实际上，从风平浪静的和谐，到忍无可忍的离婚，并没有我们想象的那么遥远。

无论关系的表面多么和谐，当婚姻里藏着太多的负面感觉，有太多讲不出来的委屈和愤怒时，日积月累的结果，就是离婚。

在婚姻里，我们都讨厌吵架，觉得不吵架该多好。可是，我们不知道，吵架带来的只是外伤，不吵架的婚姻，是直接从内部开始瓦解的，更容易直接走向分离。

02 对于爱人，我们都有一个完美而矛盾的期待

无论多好的婚姻，无论两个人的感情如何亲近，都会存在很多的差异。

如果我们为了一致性的和谐，刻意避开差异，这些差异就永远没有机会被理解，也没有机会被照顾。

久而久之，你对婚姻的失望就越多，疲惫也会与日俱增。

为什么在很多的婚姻里缺乏相互理解呢？

虽然我们都渴望理解，却从一开始就在回避被理解。最常见的回避方式，就是不要吵架。

婚姻里的吵架，是勇敢表达自己，是呼唤理解的一种方式，虽然看起来会让我们暂时感觉很糟糕，但当冲突过去，那些我们所说的话，很有可能被对方听见，然后真正开始有所意识和反思。

所以，婚姻里的吵架，常常会被我们误解：

看着那些时常吵架的婚姻，却难以想象他们可以一直过下去。

看着那些从不吵架的婚姻，却不可思议地说散就散，没有任何回头的余地。

如果在婚姻里的两个人，从来都不吵架，说明至少有一个人，或者两个人，都在努力避免冲突，维持表面和谐。

然而，为了这种和谐，所付出的代价，就是失去了更多相互理解的机会。

那些不吵架的婚姻所弥漫的基调是：我不想跟你吵，我只想努力做好。两个人做得越多，彼此的不满就越多，心就越来越远。

如此，我们都觉得自己是为了对方好，为了婚姻好，然而对方却并不这么认为。

因为我们自以为一直努力的部分，只是自己的自作主张，并不是对方真正的需要。

而实际上，婚姻里的每一次吵架，都是一次对彼此需要的重新对焦，只有经历足够多的碰撞与反思，我们才能打破自己的主观理解盲区，更清楚自己要什么和对方要什么。

在婚姻里的每一个人，都有这样的需要：我们不仅希望被理解，也希望可以理解对方。

于是，我们对另一半的期待就变成了：你要听我的，但你却不能完全听我的。

这意味着当你照顾我的时候，我知道你是真的愿意这么做；当你做不到我说的那样时，你也要坚持表达自己，我便可以借此机会来理解你的艰难。

婚姻里，我们要的绝不是迎合的虚情假意，而是心与心的真实共鸣。

03 吵架不是搞砸关系，而是呼唤理解的一种方式

我记得8年前，我刚生第一个小孩不久，因为我先生的某

一句话，委屈得不行，一个人躲在房间里哭。

然而，我的先生百思不得其解，他根本不明白，如此平常简单的一句话，为何把我气成那样。

看着我难受的样子，他也手足无措，只是非常小心地说："如果我让你不舒服了，我希望你也可以顶顶我！"

我后来回想，对于刚进入婚姻不久的新手夫妻来说，这句话为我们打开了冲突的大门，真的在很大程度上拯救了我们的关系。

原来的我，无论多难受，也觉得婚姻里是不该吵架的。然而，在实际生活中，我却一次次体会到，吵架让我们的心变得更近了。

几年前，我每天都会熬夜，最早到晚上十二点，忙起来就是凌晨两三点。他说过很多次，我都没有当回事，反而会想"我熬我的夜，关你什么事"。

直到有一次，他非常生气，我也很生气，我们就吵了起来。

我说："为什么你总是干涉我，我只是做我想做的事，这有什么不对，你为什么就不能为我多考虑一点。"

他说："你真的很自私，你为什么只考虑你自己，不为担心你的人想一想。如果你的身体垮了，你有没有想过，最难过的人会是谁？"

他说着说着就哽咽了。

经过争吵，我恍然大悟，他看我熬夜就生气，是因为太担心我的身体。

从那以后，我才真正意识到，我的身体不只是我自己的，我是他的妻子，更是两个孩子的妈妈，我不能这么任性地对待自己的身体，我不愿让他为我担心，更不想把身体弄垮了，让他们伤心。

于是，一个深具夜猫子基因的我，彻底改变了熬夜的习惯。

吵架的目的，从来不是搞砸婚姻，那只是我们不满足关系里存在着无法理解的部分，不愿意两个人就这么走向疏离。

通过争吵，我们用力表达自己的想法，让对方也有机会说清楚自己。

如此，我们才能更加深刻地理解和重视关系里出现的问题，避免关系一路毫无觉察地滑向无可救药的深渊。

所以，宁愿吵架，也不要让你的婚姻充斥着无所谓的气息。如果你真的想要更多的相互理解，是时候该打破这样的婚姻禁区了。

3. 经历过僵局，婚姻才开始有生命力

01 进退两难的婚姻，要怎么办才好？

在很多人的感觉里，婚姻里最狼狈的状态，莫过于“好不了也离不掉”。为了避免狼狈，就要武装成一个不会输的人，便于任何时候都能有选择。

为了追求婚姻里高级的体面感，很多人开始改变，学习独立，这的确改变了一部分人的婚姻，也让人获得了安全感，却也容易让人误以为：没有把婚姻变好且又不敢离婚，就是无能的表现。

这种批判的眼光，让很多在婚姻中进退两难的人，感到深深的羞耻，于是不得不隐藏起真实的一面，一个人默默承担痛苦，同时制造假象让一切看起来都好。

所以，即便如今存在婚姻问题的夫妻越来越多，但我们感受到的仍然是非常多的正能量，而如果有一个人敢于把自己的问题暴露得更明显一些，就会被当作反面教材来渲染。

当我们越来越崇拜理智的世界，对婚姻中的矛盾和犹豫的

批判就变得越来越多，集中表现为两种声音：

· 第一种，婚姻出现问题，你该努力让它变好啊！（控制论者）

· 第二种，问题都是因为不够爱啊，那还留恋什么，果断离开啊！（宿命论者）

第一种声音是说，只要你做得好，只要你足够厉害，你就可以决定一段关系的走向，意味着只要一个人足够强大就可以掌控婚姻。

第二种声音是说，婚姻中的问题都是源于不够爱，不爱了做什么都没有意义，意味着一个人在关系里只能被动等待着被选择。

这两种声音都很极端，控制论者太主观，宿命论者太悲观。

在这两种声音的左右夹击之下，在婚姻中犹豫的人会更加焦虑，只得在两者之间反复权衡以回避做不了决定的羞耻感。

然而，我们不是一个非黑即白的人，在面临一段出现问题的关系时，真的会感觉到这样的冲突：

既无法忽视关系里的问题，又无法因为有问题就放弃关系。

也就是说，在一段有真实自我投入的关系里，你才会感觉到自己的脆弱，才会看到关系的真相不是自己一个人说了算，也不完全由对方来决定。

而那些告诉你要变好或者离婚的人，不过是想让你忽略关系中的连接，用一种更简单粗暴的方式去否认你内心的冲突，好把你立刻从糟糕的情绪中拔出来。

而实际上，如果在我们矛盾的位置上，既不掩饰问题，也不逼着自己去改变，直面自己的脆弱，才更不容易被问题困住。

相反，为了更快做出决定，欺骗自己的真实感受，却是一条更远、更痛苦的自我背离的路。

02 当你想要放弃的时候，才到了婚姻里的重要阶段

每个进入婚姻的人，都带着自己的模板，希望按照自己的期待，找到一个跟自己完美契合的人。

一开始，这样的期待很容易实现，她 / 他总是能满足你，让你觉得很和谐很幸福。

这是婚姻的第一个阶段：表象幸福阶段。

接着，随着关系的深入，逐渐会有差异暴露出来。对方身上有你的模板无法容纳的东西，你身上也有对方的模板无法容纳的东西，问题开始显现。

这个时候，每个人都想把对方变成自己想要的样子，甚至觉得只有对方改变了，关系才有存续的理由。但问题就在于，从本质上来讲，谁都不愿意为了对方去修正自己的模板。

不要以为这是不够爱，其实这是每个人捍卫自我领地的权利。比如，让你为对方放弃自己的模板，你愿意吗？那凭什么要让对方为你放弃她 / 他自己的模板呢？

然而，谁会那么容易死心呢？

这就进入了婚姻的第二个阶段：失衡的挣扎阶段。

在这个阶段，谁都不愿意改变，大家都过得不舒服，无数次动过离开的念头，但又一次次因为离不开而留下来。留下来之后，以前的模式无法继续，要求对方改变也没能实现。

在这样的关系挣扎中，夹杂着自己剧烈的内心冲突、激烈的矛盾以及争吵，故而不断地把关系推向破裂的边缘，再反弹回来。

这个阶段越努力，就越证明自己对关系的无能为力。它会打碎你体面和坚强的面具，让你在脆弱、无助、伤心、绝望过后，又一次次想抓住一根救命稻草。

有一部分人会在这个阶段选择离婚，来规避难以面对的剧烈痛苦。也有的人在经历过这样的希望受挫后，走向平静的生活，心里却还在埋怨，而对方又照顾不到自己的委屈，自己也不愿意照顾对方。

婚姻开始进入第三个阶段：无奈的僵持阶段。

无论你曾经觉得婚姻如何美好，无论你觉得自己多么有能力，在这个阶段你都会有深深的无力感。当你面前横亘着一条自己用尽毕生经验也无法跨越的鸿沟时，你站在这条沟的面前，望着鸿沟之外的未来只能摇头叹息。

很多人想，这是不是真的该结束了。

实际上，婚姻只不过把你带到了离你内心最近的地方，过去和未来都在这里被敲碎了，一切归零，你不得不重新审视对这种关系的理解，也就到了婚姻里最重要最深刻的阶段。

03 经历过僵局，婚姻才开始有生命力

我上一年级的儿子考我：0 除了代表什么也没有，还代表什么？

我也不知道，翻开他的数学书，上面写着：0 除了代表没有，还代表起点。

我觉得这其实可以代表婚姻。

有时候，你觉得只要自己赢了，能控制另一半，自己就幸福了；又或者你觉得只要让对方过得好，只要付出是有价值的，自己就是幸福的。

然而，到了僵持阶段你才发现，以前自己经历的不过是一场归零的游戏，无论你赢，或者是他 / 她赢，婚姻的结果都是输。只有既看见对方，也照顾自己，关系才能从 0 开始生根发芽。

婚姻里的僵局就是为了帮助我们打破过去主观的执念和控制，还原自己内心的真实，去靠近另一个人的真实。

只有走过了这个阶段，我们才会真切地感受到人与人之间的深刻连接，体验到不需要控制和带着面具生活的安全和自由。

我们对关系的理解，以及我们对待他人的方式，实际上就是我们对自己的翻版。婚姻里的僵局会给你一面镜子，去照见真实，看到自己到底被卡在什么地方。

在婚姻不幸的人的成长经历中，向父母或者他人学到的更多是试探、讨好、攻击和控制，这么做的目的是为了更好地隐藏自己。然而，在一段有生命力的婚姻中，我们唯一可以“用到”

的就是自己。

只有一步步打开自己的担心和恐惧，迈过那个曾经在关系里卡住自己的地方，我们才能用一个真实的自己，读懂真实的爱人，开启一段由“我”走向“我们”的关系。

所以，婚姻里的僵局其实是一个巨大的机会，可以让我们重新回到成长受阻的地方，发展出对待自己和他人的新方式。

自我成长和婚姻状态常常是同步的，当我们可以进到自己的心里，释放真实的自己，就可以跨过自己和他人之间的鸿沟，感受到关系里的温暖和真实。

4. 幸福的婚姻，没有那么多“理所当然”

在婚姻里，常常有这样的现象：但凡有一个人喜欢讲道理，婚姻幸福指数就会下降一半；如果两个人都只讲自己的道理，婚姻就会很快完蛋。

并且这两者之间还有挺奇妙的联系：当一个人喜欢在婚姻中讲道理，久而久之另一个人也会跟着讲道理，当两个人在婚姻里开始各有各的道理时，就会明显感觉到婚姻出现了问题，却很难解决问题。

01 太擅长讲道理，婚姻的小船就会说翻就翻

小 C 是个非常擅长讲道理的人，用她的话来说，任何事情都能讲出一整套逻辑来，让对方毫无反驳之力。

在婚姻里，小 C 也延续了自己的优势，经常把先生讲到哑口无言。尽管看起来每次都是她说服了先生，但她却感觉先生越来越躲着她，两个人的关系越来越远了。

现在，只要她一开口就被先生打住：“你不要讲了，我不想听！”或者直接给她泼冷水：“你说的道理都对，但是对我没有用！”

让小C感到费解的是，在外面别人都觉得她是一个通情达理的人，总能把事情看得清楚明白，为何到了亲密关系里，却被先生如此冷落。

面对先生的回避，小C十分无奈，她时常忍不住“威胁”先生说：“两个人连沟通都没有了，这日子就没有过下去的必要了！”先生显得无所谓：“你想过就过，不过就离婚，我没意见。”

被先生一激，她时不时就提离婚，后来又觉得这段关系还没有到离婚的地步，便不了了之。经过这样的反复折腾，她无比疲惫，婚姻虽然还在那里，但两个人之间却好像隔了很远的距离。

很显然，她希望通过讲道理，让先生可以理解她，并按照她的期待去改变自己，但却总是遭到先生的拒绝。其实，她所讲的道理并非不对，只是对方拒绝了一个讲道理的她。

比如一个妻子会说，我告诉我先生不要赌博，我觉得一个男人应该努力挣钱养家，承担起对家庭应尽的责任。这些话听起来是有道理的，甚至对方明知道你说的是对的，但很多时候就是不愿意去做。

尽管这位妻子天天在先生耳边唠叨，先生仍然要去赌博。所以，讲道理的功效只能让对方知道他错了，但无法拉近两人的距离，无法调动对方为此改变自己。

在婚姻中，很多妻子会说，跟先生沟通一点用都没有，其实并不是没有用，而是讲道理的用处就只有这么一点点，希望用讲道理换来亲密关系更是不可能。

02 为什么有的人需要在婚姻里讲道理

有人说：知道讲道理不好，那我不讲总可以吧！

其实很多习惯讲道理的人，让他不要讲道理时，常常会发现无话可讲。

讲道理已经成了他唯一的表达方式，遇到问题时，会更加努力地讲道理。

所以，这一部分人是因为只会讲道理，在婚姻中才需要讲道理，讲不讲道理并不是一件可以选择的事。

对于一个人的心理发展来说，这样的行为是怎样习得的呢？

如果在小时候，当我们面临很多的情感和情绪反应时，身边最亲近的人却总是拒绝接纳你的感受，转而跟你讲道理，告诉你应该怎么做才是对的，应该如何改变自己的错误行为。

慢慢地，你就有了一种内化的行为模式：只要知道自己是错的，就会改正。同时，你会把这种模式投射到对方身上，认为别人也应该遵守这样的模式：只要他知道哪里错了，就应该改正。

然而，在成人的世界里，毕竟不像小孩的世界一样对错分明，每个人都有自己的一套价值观念。当可以将自己放入一套固定的标准中去获得安稳时，对方却不一定认同你的标准。

所以，那些在童年没有充分发展自己，过早成熟的孩子，长大后，会秉持很多正确的理论，以孩子般的渴求痛苦地活在成人的世界里，无法很好地进入亲密关系。他们只能用讲道理来约束婚姻，但道理却无法让关系变得更亲密。

道理是防空洞，也是关住自己的铁笼子，让人感到安全，也因此难以发展自己进入关系的能力。讲道理，是他们在关系里启动的一种自我防御机制，保护自己不出错，让自己有理由去控制和约束对方，却不用启用情感的功能。

幸福的婚姻，没有那么多“理所当然。”

如果关系有进入情感的部分，大多数时候就不是理所当然的。所以，想让自己不讲那么多的道理，不是一个知道和改错的过程，而是需要发展出新的功能去分担另一部分自我功能的过程。

当一个人内在的情感或者情绪体验没有发展出一个自我容纳体系，就会感到很不安全，于是选择用规则去约束自己，同时也会在关系带入这样的规则，如果你的伴侣经历了这样的发展历程，就会拉你进入这样僵化的规则。

我们每个人想要在关系里获得幸福自在的体验，需要经历三个阶段，先从一元关系发展到二元关系，然后才能到达三元阶段。

一元是指跟自己的关系，主要看我们能否清晰理解自己的感受，它不是一种弥漫性的情绪感受；二元关系是有特定的对象，比如你跟你的爱人在一起，这样的情绪和情感都是有指向性的，这样才构成了亲密的连接。

然而，过度亲密也会有麻烦，所以才会发展出三元结构，亲密的同时也把关系纳入一定的社会当中，进而达到一种平衡状态。

那么，很多在婚姻中讲道理的人，如果只能维持在讲道理的位置，就说明看似是在三元阶段，实际上可能是发展在一元或者二元阶段被阻碍了，才依葫芦画瓢式地模仿三元关系的样子。

这三个阶段发展到哪里，就可以看出我们经营关系的能力如何。如果忽略了从一元、二元的发展，直接套用三元的规则，就会出现我们不想看见的结果：关系仍在，但没办法亲密。

在处理婚姻问题时，我们最常见的就是从三元的规则层面上去评判，实际上这是我们最容易看见问题的地方。而在这之下，稳定的人格结构、自我觉察能力的提升、在关系里理解他人、表达情感的能力，都是关系中的重中之重。

对于一个常年压抑的孩子来说，甘愿接受一个只有规则的世界，而对于一个渴望发展自我的成人来说，永远没有办法只活在一个僵化的充满规则的世界里，情感总会寻找空隙挣脱出去。

成人的世界是情感加规则的世界，情感是根基，意味着心理投入的同频，规则是界限，意味着社会角色的平等。一劳永逸的幸福，只是婴儿式的自我满足的渴望，真实的关系永远都处于动态变化当中。

如果婚姻里有情感流动，就没有那么多的理所当然，取而代之的是更深厚的情感连接。而对于习惯讲道理的人来说，允许更多的情感进入自己的感知范围，带着这些新的体验活在真实的关系里，才可能拥有一段足够亲密的关系！

5. 亲密关系是一面镜子，折射出你所在的位置

几乎每一个进入亲密关系的人，都有着这样的渴望：希望能被足够在意和珍惜。

然而，基本上每一个进入亲密关系的人，都会经历失望的时刻，感觉自己没有被好好珍惜。

如果这是关系里的一个必然过程，那么在这些关系里的失望和受伤时刻，我们该如何理解这个过程，怎样才能有机会走向彼此珍惜呢？

01 当一个人感觉到不安全时，就会隐藏自己

我有一位来访者，对亲密关系很失望，她跟我描述了关系如何渐行渐远的过程。

刚开始交往时，他很符合我的期待，处处为我考虑。可是，结婚后不久，我就发现他不再像以前那样照顾我，我的内心开始感到隐隐的不安。我想，或许他不那么爱我吧！我一方面渴望他可以更靠近我，但是另一方面，我也在暗暗地跟他较劲，

表现出我也不需要他。他怎么对我都可以，反正我不在乎。两年之后，他出轨了，我非常气愤，做了所有他不希望我做的事情，我就是想把事情闹大，让别人都知道他是一个怎样的人。现在，他想离婚，我不愿意离，可是我却不知道怎么过下去。过去我们的关系里已经累积了太多的问题，我想他也可能不愿意跟我再继续，但我是真的不想失去这段关系。

从她的描述中，我们可以看到面对亲密关系的失望时刻，她主要选择了两种面对方式：退缩和攻击。

退缩是因为，面对不被照顾的失望，她的内心已经有了判断：你不够爱我，所以才这样不珍惜我！

攻击是因为，即使我可能不值得珍惜，但是你出轨了，我可以站在道德的位置来指责你。

退缩和攻击，是很多人面对关系无助的模式，也是阻碍关系彼此靠近的模式。

这是我们面对关系不安全时的一种表现，当需要不被满足时退缩，因为觉得自己不值得；当对方犯了公认的错误时进行攻击，是因为觉得这个位置很安全。

选择这两种模式面对关系，意味着我们的自我还没有真正在关系里上场，我们只是在小心翼翼地隐藏自己。

这种在关系里不安全的感觉，是被当前关系所引发的，但却不是来自于现在的关系。这就是为什么我们会说，你没有觉察和意识到，你的关系剧本其实在进入关系之前就已经写就。

那些在过去的经历中，在人与人相处时受伤的体验，会成为你在新的关系中的扳机，一旦触及，就会立刻关闭通往关系的大门，要么退缩，要么攻击。

而关系是双人舞，当对方感觉到你的退缩和攻击时，会让对方感觉到不安全，于是也可能采用自保、退缩或者攻击的方式。

如此，你保护了自己的安全，却牺牲了关系走向更亲密和相互理解的机会。

02　亲密关系是一面镜子，折射出你所在的位置

在我小的时候，当我看到我的妈妈每天努力劳作，生活得特别辛苦时，我就会无比痛恨我的爸爸。我觉得他很冷漠，没有尽到一个做丈夫的责任，没有照顾好我的妈妈。

然而，现在我会无比清楚，这就是关系舞蹈的奥秘。

我的妈妈因为价值感的缺乏，总是无时无刻地向我爸爸证明：我很厉害，所以我不需要你。于是，我的爸爸也会在同一个位置上回应：你都这么厉害了，我还帮你干什么！

这样，我的爸爸退出了关系的舞池，本来是两个人共舞的地方，就变成了我妈妈一个人的折腾。后来，妈妈终于有机会告诉所有人，你们看我的老公就是这么对我的。

最终，我妈妈获得了所有人的可怜和同情，但是却没有被好好珍惜。

所以，亲密关系是一面镜子，通过关系，可以折射出我们自己所在的位置。

当我的妈妈在关系里被冷漠地对待和没有被足够珍惜时，折射出的是她对于关系需要的羞耻。因为需要他人，会让她感觉自己不够好，显得没有价值，所以她使出全部的力气，让我的父亲没有机会去照顾她。

你看，关系就是这么矛盾啊，有时候我们不断埋怨的、内心渴望却求之不得的东西，却恰恰是我们内心在拼命拒绝的东西。

只是，因为内心的不安全感，因为有些部分我们自己也觉得很糟糕，所以我们很少有机会去细致地看到自己对于关系的影响。

这些不安全的因素，会让我们努力隐藏起自己的真实部分，我们就会站在规则、道德、责任的角度去要求对方，关系就会变得看似正确，却失去了生命力。

所以，我经常说，关系的功课，就是走近自己内心的功课。

每个人都不需要刻意去改变关系，我们更需要通过关系来读懂自己。当我们可以去靠近那些内心的伤痛，好好地疗愈自己，就可以更轻松地面对关系，不需要再辛苦隐藏自己。

03 关系的彼此珍惜，取决于两个人坦言脆弱的程度

我们会发现身边好的关系都有一个特点，就是彼此会给对方更多的安全感；而糟糕的关系也有一个特点，就是彼此都在制造不安全感。

所以，是给对方安全感，还是不断制造不安全感，这是影响关系走向的关键。

如果我们能很好地理解和接纳自己，我们就不再因为自己有需要而去回避，也不会因为自己的脆弱而感到羞耻。

真正让两个人感觉可以相互理解，以及愿意彼此珍惜的，就是因为我们可以更多地感觉到对方的真实，然后才可以接纳和照顾对方的真实。

昨天，我跟我先生商量着一起换鱼缸，我说："其实我早就想换了，但是没有你的帮助，我一个人是做不到的。"

他也很高兴，跟我一起忙活，然后他洗鱼缸，我洗那些小石头和花草。后来要洗充氧机，我只是把外面洗干净了，他说怎么能只洗外面，里面也要拆开洗。

要是换作很多年前，我可能就会责备自己没有做好事情，然后努力装作自己会洗的样子，像我妈妈一样在他面前证明自己。

而现在，我只是如实地说："这个我真的不会，我需要你。"

我先生很愿意去做，并且这些事情，他做得真的要比我好很多。

所以，越是简简单单，越能走进人心，我越来越喜欢坦言脆弱，因为我知道这是帮助他了解我，也是能让自己拥有更好被照顾的机会。

在关系里，要一起演戏，还是要一起真实，是一种选择。但是，不变的是，唯有真实，能走进人心；唯有真实，能让我们不被伤害。

好的关系不是有你没我，也不是有我没你，而是在关系里，我们都可以坦言自己的脆弱，然后我们可以一起来相互照顾。

最终，两个人关系的深度，取决于相互敞开、相互理解以及相互照顾的程度，而这些，又取决于我们理解和接纳自己的程度。

关系始终是一场双人舞，你渴望安全，就得用安全去交换；你渴望真实，就得拿真实去交换。

所以，本质上，轮不到我们为关系犯愁，我们尽可能让自己更舒服就好了。

实际上，有些你一直寻找的幸福关系的样子，或许你早就已经拥有，只是你从没有机会通过向内探索，去真正意识到这一点。

第五章

关系重塑：从关系的对峙到相融，是什么让人转变

1. 双赢还是双杀，什么是决定亲密关系走向的关键

当我谈到在亲密关系里探索自我时，总有一小部分读者会说，我觉得真正的爱，是要有一个人愿意陪伴你去完成这个过程。

当然，如果有这样的一份爱情，那是非常美好的！我们在心里也可以有这样的期待。

只是，假如你的身边没有这样的一个人呢？或者，你遇上的是相反的一个人，不仅不会支持你、理解你、看见你，反而会处处打击你、否定你，日复一日，让你觉得自己更加糟糕。

这时候，你是努力改变一段不对劲的关系呢，还是等一个帮助你成长的爱人到来，或者是开始自我成长呢？

很多人在面对亲密关系的困境时，常常有过这三种想法，只不过这三种想法是交替出现的。

你可能会先选择去改变关系，当花几年的时间发现改变不了时，又想寻找更满意的关系，而又花几年的时间，遇到的关系都不甚满意时，才可能意识到自我成长的重要。

我们都希望亲密关系是双赢的，就是我们都在一段关系里感觉到被滋养，也越来越喜欢自己和对方。

可是，一个人在开始自我成长之前，经历的却几乎都是双杀式的亲密关系。

01　什么是双杀式亲密关系

双杀式关系，简单来说，就是有你没我、有我没你。

我们总感觉只有满足对方时，这段关系才有希望；或者只有对方满足自己时，这段关系才有希望。

现实生活中，常常有这样的例子，当一个女性选择跟某个男人进入婚姻时，很多年之后突然才发现自己选择了一个渣男。

在双杀式的关系里，女性对待两人的关系经常会有这样的态度。比如：

· A 类：我跟了你这么多年，一切努力都是为了你，你怎么可以辜负我的感情。

· B 类：你对我好的这些年，原来都是骗人的，我怎么找了一个你这样的人？！

A 类是有你没我，意思是：我为了你放弃了我自己，可是你为什么还不知道感激。

B 类是有我没你，意思是：我想找一个对我足够好的人，你为什么要骗我，让我失去选择更好的机会。

双杀式的亲密关系，很靠近融合式的关系幻想，就是我们两个人在一起是最好的，所以你要为了我存在，我要为了你存在。

这对于一段热恋期的关系来说，很正常。

可是，当关系里的某一个人长期为了满足另一个人而存在时，就只会感觉极其不安全。为了获得内心的平衡，就会不由自主地限制关系。

有一位来访的A女士，曾经是一位家庭主妇，她负责照顾家庭和孩子，先生负责养家赚钱，这样平静和谐的生活过了三年。后来，先生的事业发展得越来越好，家庭和孩子也挺好，然而她就是心里不踏实。她说："他的快速发展和我的停滞不前，形成了鲜明的对比，甚至从内心里我都觉得他应该换一个更好的爱人生活。"

当我们停止探索自己时，哪怕你在做很多对家庭很有用的事情，但在你内心里，你的价值感会被磨得越来越低，直到连自己都会怀疑自己。

A女士很清楚，这段关系已经让她感到不安全了，她再这样下去，只会对先生多疑，然后更多地控制对方，直到两个人都痛苦不已。

她选择了回过头来，认真面对那个被她抛弃了3年的自己。

一年之后，她依据对自我的探索，对生活做了更多的调整，重新锚定职业方向。这时候，她在关系里的不安全感已经消失了，夫妻关系也变得更好了。

02　双杀式关系，是因为你离自己太远了

在现实生活中，双杀式的亲密关系很常见，比如两个人日

复一日地吵架或者冷战，相互诋毁和攻击，威胁和要求对方承认错误……

这样所带来的结果就是，彼此在这一段关系里都会感觉很糟糕。

既然这是一个非常糟糕的循环，为什么很多夫妻却停不下来呢？

这是因为他们离自己太远了，以至于只看到对方让自己活得痛苦，却看不到自己也是这个循环的始作俑者之一。

一个人放弃自己的时间越久，跟自己内心离得越远，就越有可能出现双杀式的亲密关系。

当我们为了一段关系放弃自己太久，并一直以为是这段关系害苦了自己时，才会不顾一切地要跟这段关系纠缠不休。

实际上，这种糟糕的结果，在最初放弃自己的时候，就已经初现苗头。

就好比投资，每个人都很期望正收益。可是，是不是因为特别渴望正收益，我们就对风险忽略不计呢？

当风险来临的时候，我们不能责怪投资坑了自己的钱，也不能说我们就要完全避免投资，而是需要看到孤注一掷的代价是非常惨痛的。

一段关系会让我们感到无比美好，可是为了这段关系去牺牲自我，或者因为这段关系就自我膨胀，而看不清自己所在的位置，我们就会离自己越来越远，对关系里的彼此伤害越不在乎。

03 与改变关系相比，探索自己身上的可能性才是关键

当一个人离自己越来越远的时候，就像一棵树没有了自己的根，对关系的需要会越来越多，越来越强烈，然而这仍然不能让自己感到安全。

然后，抱怨越多、责怪越多、怨恨越多，伤害也就越多。

这就是双杀式关系的结局，任何一个人都不能从这样的关系模式里受益。

可是，如果换一个方向，结果就会完全不同。

有人跟我说：我努力自我成长，目的就是不要我老公出轨。

如果是这样的目的的话，就相当于把自我的成长当成了御男术，本质上这仍然是“有你没我”的双杀式关系。

一个人会不会出轨，是一种动态的可能，其实不是我们自己努力就能避免的。如果你把自己的人生看作是为了躲避一个坑而存在，那你就太小看自己了。

坚持自我成长最重要的意义不是改变关系，或者控制他人，而是我们没有荒废自己在关系里的这些时光，没有放弃探索自己对于人生的期待。

如果我们不放弃自己，努力探索自己身上存在的可能性，面对风险的能力就会变得越来越强，同时因为不断地自我发展，你也会对自己更加满意。

这样，无论跟谁在一起，你都没有辜负自己，又何来别人辜负你呢？

即便有一天，你和另一半不能在一起了，不论是五年十年，还是二三十年之后，倘若那时你们因为彼此而足够好了，都有足够的信心面对往后的生活，这样的关系除了感激，也还是感激。

我们都没有办法阻挡关系变化，但我们可以在关系的这片土壤里好好地孕育自己、成长自己，把自己尽早活成一个独立的人，而不是一个跟关系绑定在一起的物品。

如此，无论你选择跟谁在一起，你都不会辜负自己，不会辜负彼此的人生！

2. 关系里的原谅，不等于内心真正的原谅

在很多人的眼里，以为原谅一旦说出口，关系就尘埃落定：往事不提，相安无事。

而在实际的关系里，常常在说出“原谅”二字之后，真正的原谅之路才刚刚开始。

01　此“原谅”，不等于彼“原谅”

伴侣出轨后的原谅，常常有各种理由，比如：

· 不愿意孩子受到伤害。

· 还有情感无法放下。

· 无法一个人面对未来。

这里面包含着一种强烈的感觉：即便真的是想原谅，也会有些迫不得已。

对于一个对你很重要的人，你是没有办法不去原谅的。这好比，你把他当成自己的一部分，把这部分分裂出去，就意味着你从此以后将不再完整。

所以，此“原谅”不等于彼“原谅”。在现实生活中，我们所看到的关系里的原谅，大多是嘴里说出来的原谅，真正深入内心的原谅，是一场旷日持久且深入骨髓的内在重组过程。

在婚姻里，很多伴侣不明白，为什么说了原谅和放过，还要往事重提。因为，关系里的原谅，不等于内心真正的原谅。

打个比方，你的心灵刚刚经历一次激烈的飓风，以前所有的美好全被摧毁，站在这片废墟上的你手足无措，但是你心里可能会有一个模糊的声音：我要重建，一切都会好起来的。

发出重建的声音和真正完成重建的距离，就是我们说出原谅到真正原谅的过程。

很可能，当你说出要重建之后，面对这个一无所有的废墟，你会一次次失去信心，也可能在开始重建之后，你会一次次被困难吓得想要退缩。甚至，你会整日害怕一切建好之后，还有下一次飓风的摧残。

这条路，进一步退两步，都是矛盾重重，百转千回，时而绝望，时而柳暗花明。

整个过程中的你，就像极度绷紧又极度脆弱的神经，外界的任何刺激反应，都会在你这里被无数倍地放大。

02 原谅跟对方有关，却是一门需要你独自完成的功课

一位妻子跟我讲，虽然嘴上说要原谅丈夫，但是无论丈夫做什么，无论丈夫如何给她道歉，她的内心还是翻江倒海一般

无法平静。

她终于意识到，原谅他其实跟他没关系，她气得不行，只是因为自己。

她无法接受，她花费所有心血修建的美好的婚姻宫殿，现在坍塌了。她无法想象，丈夫出轨这件事情会发生在自己身上。她更无法理解，为什么对方都这么做了，自己却不能果断离开。

这些她骨子里的坚硬的意志，在丈夫出轨以后，全部崩塌了。面对婚姻、面对关系、面对人生，她像经历了一场噩梦还没缓过神来，从她的眼睛里看出去，未来变成一个深深的黑洞。

她选择了原谅，可是无数次想起来，还是会难受得直跺脚。她是真的想原谅，可是内心却被很多想法撕扯，一点力气都没有。

更重要的是，她内心仅剩无几的东西——一股难以形容的气，却是无处安放的。

她气老公这么荒唐，可当她选择了原谅，就没有人再支持她去生气了。她气老公的父母，出了这样的事，他们也不站出来表个态。

气到最后，她发现无论她生谁的气，对人家都不会造成影响。唯独只有自己在那里，她能气的人只剩下自己。

这就好比，飓风过去，那些伤害你的、鼓励你的、嘲笑你的人都提前退场了，只剩你一个人站在那里面对荒芜，你气的任何东西都没有落脚点，最后你只得捶胸顿足地生自己的气。

从这个时候开始，只有去面对你无法安放的怨气，一点点打开你的内在空间，去回忆、去整理、去丢弃、去重建，你的人生才会从这里重新开始。

所以，无论谁伤害了你，选择原谅的这条路都是你一个人的修行。这条通往纯净与和解的心灵朝圣之旅，终归需要你独自上路，一个人去走完！

03 真正的原谅，是你终于放过了自己

如果你被一个对你来说很重要的人伤害了，你就没办法不选择原谅。因为，你没办法留一只脚在过去，而用另一只脚迈进未来。

没有真正明白原谅的人，仅有两个选择：

· 一直真实地活在过去里。

· 一直假装自己活在未来里。

在婚姻咨询中，我看到很多人，轻描淡写地说着原谅，以此去掩饰自己心里多年来没有放下的东西。他们所重视的东西，从没有忘记，然后一次次在现实的经历中重演。

当真的看到自己在经历的是什么时，很多人会失声痛哭，并发出疑问：为什么我要让自己重复经历痛苦？

答案是，我们都曾经以为骗得过自己，可是最终，跟岁月来一次真实的较量之后，我们才发现根本办不到。

所以，真正的原谅，不是去原谅那个伤害你的人，而是去理解自己、放过自己。如果你被伤害了，不要告诉自己我很好，允许自己早一点去清理废墟，比多年之后再回头面对

显然更容易。

我们选择是否原谅，只有一个标准：你是否过好了你自己的人生，无论最终这段关系中的两个人是分开还是在一起。

如果你整理好了自己，开始重新过一个有未来的人生，无论你是否处于一段关系里，都表明你已经原谅了；如果你没有，你一次次让自己痛苦，并试图让对方记住对你的伤害，显然你的内心并没有真的原谅。

真正的原谅并不容易，每一个做到的人，内心都经历了一场革命性的洗礼，它会首先摧毁你童话里的完美人设，帮你重塑出一个更结实的自己，让你能更坚定、更勇敢、更有信心地面对人生！

3. 在亲密关系里，真正的信任从何而来

有很多来访者找到我，因为在亲密关系里受了伤，希望通过咨询可以重建信任。

他们的苦恼就在于：经历过一些伤害，明明信任已经崩塌了，明明看着眼前的人已经不能信任了，可是又想到让关系变好少不了信任，就想去努力信任对方，但又不知道该如何做到信任。

有很多人会选择假装什么都没有发生，以此来隐藏内心的伤痛和怀疑，然后每隔一段时间，就会面临一次情绪的大爆发。

还有的人，认为自己应该去信任，又时常在做不到信任时自责不已，觉得是自己搞砸了关系。

无论是哪一种，都必将忍受长期的情绪反复和煎熬，而重建信任反而变得遥遥无期。

01 为什么重建信任那么难

我听到很多人讲：事情都过去那么久了，我为什么还是忘不掉，为什么就是回不到从前，总是爱旧账重提呢？

这是因为在一段关系里，如果信任崩塌了，重建信任本身就是一件很艰难的事。

比重建信任更艰难的是，我们以为自己可以忽略信任坍塌的影响。

我听到很多妻子讲，丈夫出轨后回归家庭，会认为只要不提过去，日子还可以像以前一样过。可是在妻子的心里，这段关系早已经发生了天翻地覆的改变。

矛盾就在于：丈夫觉得事情已经过去了，该放过了。

而妻子却因为丈夫的出轨引发信任坍塌，再也无法信任丈夫了。

难就难在，我们常常觉得信任的坍塌仅仅是一件小事情，随着时间推移就会淡忘，但却未曾意识到这是一件足以撼动关系根基的大事情。

如果把关系比作一棵大树的话，信任的坍塌就好比是把这棵树连根拔起。

影响重建信任的关键是我们的认知，如果我们觉得这是一件简单的事情，寄予太快、太高的期待，就会很容易遭受挫败，反而很难达到目标。

与其忽略信任丧失的影响，忽视裂缝的存在，不如正视现实，接纳信任坍塌对关系造成的真实冲击。

02 重建信任，是从接纳不信任开始的

为什么很多人努力在关系里重建信任，却失败了呢？

除了我们前面谈到的忽略现实的影响，还有很重要的一点就是：选择了错误的重建信任路线图。

错误的信任重建路线图通常有两种：

· 一种是因为信任他人受了伤，于是努力找下一个值得信任的人，又再次受伤；

· 另一种是因为信任他人受了伤，于是努力改变那个让你受伤的人，希望以后他可以让你不再受伤。结果不断改造，不断受伤。

这两种路线图看起来是在重建信任，实际上是在危楼上再修危楼。

当你在一段关系里的信任坍塌了，内心最真实的想法是，你已经无法再把自己的未来完全寄托在这个人身上了，哪怕换一个人也不行。

这意味着不管是你努力改变眼前的人，还是努力再找一个更好的人，不过都是在欺骗自己，只是假装告诉自己只要做点什么，危险就不会再发生。

实际上，危险已经发生了，并且这种危险的感觉还会在你的心里挥之不去。

所以，我们必须接受的是：很抱歉，因为受过伤，我做不到对任何一个人完全信任了。

对于很多人来说，这种状态太糟糕了，不再有一个人让自己可以放心托付，这个世界仿佛瞬间变得不美好了。

然而，对于一个人的成长来说，这种状态恰恰是非常宝贵的：只有当我们无法把希望完全寄托在某一个人身上的时候，我们才会开始对自己寄予希望。

真正的重建信任，不是让我们重新去相信谁，而是恰恰因为不信任，让我们更加侧重于去发展自己，最终相信在关系里的自己可以面临更多不确定的变化。

先敢于不信任，才能重建信任。如果一开始就要努力去信任，其实根本做不到信任。

03 真正的关系信任，是因为你足够信任你自己

其实，在很多关系之间的信任坍塌之后，我们回头去看最初的信任，实在不堪一击。

比如，有的人会讲：我觉得他人特别好，怎么也想不到他会干出这样的事情；我是如此地信任他，他怎么可以辜负我的信任呢？

当我们对自己不够信任的时候，会更容易去找一个可能性空间更小的人，以为这样的人可以一直给自己托底，可以让自己永远感觉到安全。

实际上我们只是需要一个如此让自己安全的人，因此就会觉得对方必然是那样的人，并且永远都不会变，这并不是信任，

而是迷信。

这样的信任很盲目，也没有根基，有的只是一种麻痹自己获得的安全感。

真正的信任，不是你相信对方不会变，所以你是安全的，而是你知道即便关系里会有变化，你也依然可以面对，你仍然是安全的。

这样的信任，绝不是完全信任对方，而是根据自己可以承受的空间来安放信任。

所以，重建信任的过程，是学习如何去重新信任自己的过程。

与错误的路线图相比，更可能实现的信任重建路线图是：

（1）因为信任他人受了伤，开始接纳自己的失望和不信任。

（2）在痛苦中重新找寻自己。

（3）学习信任自己，然后再有选择性地信任他人。

这样的信任重建，也是一个人逐渐形成自我边界的过程。

你不再什么事都相信，你也不再觉得应该相信谁就相信谁，你会根据自己的感受和觉察，来选择相信什么、不相信什么。

这样的信任就是安全的，因为你首先有了一个自己的安全基地，然后你开始尝试着伸出自己的触角，允许自己适度开放信任。

即便这样的信任失败了，哪怕经历受伤和碰撞，你也可以退回来，你还有自己的安全基地。

在亲密关系里，有很多人经历了信任的崩塌后才发现，我们原来的信任只是一个幻想的安全保护壳，真正的亲密关系间的信任是与你信任自己的程度成正比的。

所以，关系间真正的信任从何而来？从我们自己这里来。如果这个功课你曾经落下了，你也必然会在现实关系的淬炼中补回来。

4. 最好的关系，就是努力活成你自己

在网上，那些“如何经营婚姻、如何让关系变得更好”的话题，总是格外吸引人的注意。

这多少折射出了很多人在夫妻关系里的无力，一方面希望关系更好，另一方面想尽了所有的方法也使不上力，然后又不得不寄期待于一些更好的方法。

为什么有很多人希望改善关系，却又期待落空呢？

这不是因为他们不够聪明、不够努力、不够有方法，而是他们为了维持关系而忽略了自己造成的一种本末倒置。

01　关系好不好，主要看花儿长得好不好

很多人在亲密关系里遇到问题时，都喜欢琢磨：对方究竟是怎么想的啊？如何才能让 Ta 回心转意啊？

这些问题，可以找到很多可能，却很难找到答案。

关系就好比土壤，而关系里的两个人就好比两株花儿，只有两株花儿都长得越来越好，才会觉得这个土壤足够好。

相反，长出来的花儿不够好，无论怎么改变这个土壤，这个土壤也不会显得更好。

所以，一株花儿，最重要的不是去改变土壤，也不是去努力让另一株花儿长得更好，而是尽可能让自己在这样的土壤里长得更好，然后这个土壤给人的感觉才会变得更好。

如果你很喜欢去琢磨关系里的另一半，你希望知道对方怎么想，却又总是找不到答案，那么最简单的办法就是回到自己这里，看看我们自己是怎么想的。

当你认清了自己，并长成了你自己喜欢的样子，你们之间的关系自然也不会差到哪里去。

一段好的关系，一定不是牺牲一个人去成全另一个人，而应该是彼此独立，彼此都可以在这段关系里长成自己最好的样子。

我想每一个人都不愿看见，当某一天我们回首走过的路时，只会告诉对方：就是因为你，我才活成了这个糟糕的样子！而是，希望我们都可以说：你看，我们都变得更好了，所以我们没有辜负在一起的时光。

02 亲密关系并不能替你避开挑战，只能让你更勇敢地面对挑战

这个道理其实非常简单，为什么还会有很多人把所有的希望都寄托于一段关系呢？这是因为，他们认为把关系当作唯一希望，可以保留感觉里最纯粹的美好，而实际上这好比是一个壳，

我们躲进壳里，眼下是变安全了，但从长远来看却更危险。

就好比一只鸟儿站在树枝上，如果我们依赖树枝而不去练习飞翔，那么我们就会越来越要求树枝的稳固，因为没有学会独自飞翔，树枝稍有摇摆就会使我们惶恐不安，对树枝的安全性产生质疑，于是，既不敢真正去依赖树枝，又不得不依赖树枝。

相反，如果我们因为有了一根树枝接住自己，变得可以更加勇敢地去练习飞翔，那么我们就不会害怕树枝断裂，反而更敢于放心地依赖树枝。

我们常常期待能有一段关系为自己遮风挡雨，好让自己不受一点委屈，实际上这只是一种幻想，我们更需要的是通过一段关系，让我们更勇敢地面对挑战，而不是永远避开挑战。

克里斯多福·孟说：没有人能年复一年地活在火辣、热情、浪漫的亲密关系之中，但我们能在亲密关系的旅途中，学习面对自己最好以及最糟的特质，学习接受和放手，最终找到通往爱和幸福的桥梁。

一段亲密关系的归宿，不是永远保持不变，而是需要我们在这段关系里，尽早去面对自己，锻炼出自己身上面对生活和挑战的能力。等回过头时，看着走过来的路，我们才会更加珍惜这段融入自己生命里的关系。

03 一段好的关系，带给你的应该是自我珍惜和自我成长

遇上我先生之前，我是一个活得相当任性的人，大冬天只

穿一件薄毛衣，还不穿外套。有时候吃不吃饭也无所谓，随便凑合着也行。熬夜的时候，只管跟着自己的感觉走，完全没有时间概念。

可是，他是一个很细心的男人。他会经常说，你衣服怎么穿这么薄，你怎么能不吃饭，你不要熬夜了吧！

一开始，我觉得超级烦，心想着我爱怎样就怎样，你怎么管这么多。

可是，这么多年一点点地磨过来，我才发现我从他那里学到了一门最宝贵的功课，就是照顾我自己。

我知道他在意我，所以他不希望看着我冷、我饿、我熬夜，因为被珍惜，我才知道我要好好珍惜自己。

如果一个人真的在意你，他一定不希望你难过，不希望你过得不好。而如果我真的很感激，那我就更应该照顾好自己，不让他担心。

要回馈一段关系，最好的方式，就是要让自己活得好一点！活得开心一点！因为你知道看着你更好了，对方一定是更开心的！

所以，一段好的关系，带给你的应该是自我珍惜和自我成长，相反也同样成立，当你更愿意自我珍惜和自我成长，你也一定会拥有更好的关系！

实际上，只要你的心里有渴望，无论从哪里开始，都可以找到你想要的答案。而你需要从哪里开始，要看你的人生经历把你带到了哪里。

爱真的很需要勇气，但是爱也会带给我们很多勇气。

最好的关系，是我们可以忽略关系本身，而尽可能地面对那些逃不掉的人生挑战，在关系里更好地探索自己，活成我们自己！

这样关系会变得更加简单，关系里的两个人才能一路同行，相互支持，而不是彼此设限。

所以，如果你还在因为关系苦恼，还在努力付出改变，却感觉到自己越来越没有价值时，或许你可以先停一停，先看看自己在哪里，看看自己是否正在努力避开一些不想面对的挑战。

相信我，当你越来越清楚地看见自己，明白自己要去哪里，以及开始面对一些无法避开的挑战时，关系就会以一种新的状态呈现在你的面前，你对关系的感觉也会变得越来越好！

这就是自我成长，带给自己和关系的双重受益！

但愿我们都没有辜负时光的恩宠，在关系里活出真正的自己！

5. 如何在婚姻里找到自己的终极安全感

前段时间，女性的C位论掀起了一波热潮，更有不少文章写道，女性们的C位时代已经来临。

为什么女性站上C位，活得自由自在，就会格外引人注目呢？

这估计得从传统文化说起。由于传统文化对女性有着很多狭隘的偏见，以至于很多时候，女性已经习惯了把自己生活的重心放置于婚姻家庭之中，过度依赖和信任婚姻，放弃发展自己独立的价值。

而如今，越来越多的女性开始觉醒，内心虽然对得到婚姻幸福寄予期待，但是不会因此放弃自我。相反，如果我们还以传统的观点来塑造自己，就会面临更大的不安全感。

所以，对于一些敢于应对变化的人来说，这是一个最好的时代；而但对于另一些抗拒变化的人来说，这又是一个最糟的时代。

01　婚姻的乌托邦时代已经过去了

过去，我们谈到婚姻，认为婚姻最重要的是制度和责任。不论婚姻关系怎样，最起码它的基础框架是十分结实的。

所以，大多数人会觉得婚姻就是一辈子的事，结了婚就会有人为你负责到底。这是一种约定俗成的想法，很少有人去考虑自己在关系里的感受和发展。

而如今，越来越多的人不再只想要一个婚姻的外壳，而是更关注婚姻关系本身的质量与和谐，以及每个人在关系里所感受到的舒适度。

那些约定俗成的想法，那些道德主义的高位，已经制约不了一个人想要更靠近自己、活出自我的内在渴求。

所以，一些从婚姻走出来，开始站上C位的大女主们就应运而生了。这意味着婚姻的乌托邦时代已经过去，换而得之的是，每个人都开始意识到自己的重要性，并且尽可能去活出一个丰满的人生。

婚姻已经不再是主位，婚姻已经不足以用来评价一个人。责任和制度减弱的同时，关系开始需要更深刻的连接，这取决于每一个人理解自己、活出自己和适应变化的能力。

当婚姻里的每一个人都开始活过来时，我们就无法避开婚姻的真相：每一个人都会觉醒和成长，这就意味着没有一段婚姻是绝对安全的，有的只是相对安全。

02 与其忽略和阻止变化，不如认真面对内心的失望

如我们前文中所讲的那些，有的人可能会觉得，这么想婚姻未免太悲观了！

实际上，生活中处处都需要从悲观中看到乐观。那些从婚姻里走出来，勇敢地活出自我的女性，如果没有经历过婚姻的失望，或许从来不会意识到自己的重要性。

如果我们把婚姻当成自己安身立命的依靠，当这个看似坚固的堡垒崩塌之时，你就会无处藏身，因而变得无比绝望。

相反，如果能够接受关系本身的流动性，理解婚姻最终是一场人与人之间的心灵相遇，我们就会更懂得去理解自己和珍惜他人，而不是抱着很多理所应当的态度去忽略、抱怨和责备。

而那些婚姻里引发的问题，不过是我们内心一直都存在的不安全感。因为缺乏安全感，所以我们才会无比寄希望于婚姻。实际上我们最应该接受的就是：一切流动的东西都会带来不安全，但我们不是要去寻找一个安全假象，而是要去学会在不安全中找到安全。

我们经常看到很多婚姻面临危机之后，信任崩塌了，大家都想努力回到过去，但是谁也骗不了自己。彼此都很难再找回安全感。

为什么安全感一去不复返就是真相，但我们还要努力去试图改变呢？

因为人们很难接受不安全感，于是就要试图给自己创造一

个真空的环境，以为在里面就是安全的。如果一个人很担心恋人出轨，就可能找一个极其老实的人来交往，结果这个人可能还是会出轨。

这就好比，当我们无法接受真实的不安全感的时候，我们就会活在一个假想的现实之中，这就为自己埋下了一个地雷，然后直到这个地雷爆掉，再开始埋怨：你怎么骗了我，你怎么可以这么对我?!

实际上，这个地雷是我们自己埋下的，是因为我们的理想化而存在。如果你看不到问题的核心原因，你就会把期待寄托在下一个人、下一段关系，然后再埋下一个地雷。

所以，很多活在情感幻想中的人，就是在自己埋下的一个个雷区里，把自己炸得面目全非。

而真正相对安全的关系，需要我们去排除自己身处的一个个雷区。

婚姻外在的动荡所引爆的其实是我们内心的不安全感。内心里的一个雷既然已经爆掉了，要回到过去已经不可能了。

但是我们可以选择：是继续造一个雷，然后小心翼翼提防着不被引爆；还是接受雷已经爆掉了，并好好地体验这个引爆所带来的安全之地。

03　经营婚姻的关键，是在变化中重塑你的内在安全感

既然变化不可避免，为什么还有那么多的人苦苦寻求关系

不变的方法呢?

那是因为，当我们的内心感觉不安时，我们就会更加追求外在的安定。这其实是一种回避，相当于缘木求鱼。

而我们真正需要面对的其实是自己内心的不安全感。唯有接受真相，以及准备好去面对这种真相，我们才能获得足够的踏实和安全感。

我曾经接待过一位来访者，她因为丈夫出轨，面临自我价值和关系信任的全面崩塌。她想尽了所有的方法，也无法重建信任，她非常痛苦地告诉我说：我知道我脚下有一颗雷，随时会爆掉，我不能装作安然无事的样子。

她跟丈夫做过很多的沟通，爆发过很多争吵，最后他们都不得不接受这其实是一个无解的问题，他们彼此都感到很无力，这段关系也没办法再回到什么都没有发生过的那一刻。

她说："真的接受了我们的关系里发生了这样一件无法逆转的事情,我反而轻松了,不那么痛苦了。最难的是,我不想接受,我还想回到过去对美好关系的幻想里去。"

然后，因为失望，因为无力，她的精力开始从婚姻里抽出来,她不再要求自己做得完美,而是尝试开始照顾好自己的感受,开始考虑自己究竟想要做点什么。

最终，她从这个困境里走出来了，并且她觉得整个人生都变得更踏实、更宽广了。

她很感谢那段经历，说："正是因为摔得太痛，我才开始第一次认真地看见了现实，不然就会一辈子都活在幻想里，那太不值得了！”

正如一句话所说：鸟儿站在树枝上，从不担心自己会掉下来，不是因为它相信树枝不会断裂，而是它相信自己飞翔的能力！

所以，如果你希望从变化中找到真正的安全感，就需要尝试、练习以及习惯去信任你自己，花更多的精力去理解和发展你自己，最终你对自己的信赖，才是你在任何关系里获得安全感的来源！

第六章

一个关于自己的重要选择：如何让自己变得更幸福

1. 幸福，是一门需要修炼的功课

对于幸福，很多人在心里的期待是：遇到一个很好很爱自己的人，就是幸福。

在原生家族越不幸福的人，这样的期待就会越强烈。他们希望自己尽早遇到一个情投意合的人，摆脱原生家庭所带来的压抑。

然而，对幸福的期待越聚焦在一个人或者一段关系上时，失望就越容易不期而至。期望越强烈，失望就越大，就越被伤得深，对关系的怨恨也就越深。

这就好比，一个普通的桌子需要靠四条腿支撑，但假如一个桌子一开始就只有一条腿，这条腿还是坏的，那你就只想赶快找另一条腿来撑住。

你可能真的很幸运地找到了，可当你把所有的重量都放在这条腿上的时候，这条腿也垮了，于是你会更加怨恨这条腿，为什么撑不住自己。

有很多渴望幸福的人，都像为桌子找腿一样，努力挣扎着奔向自己的幸福，却一次次受到伤害。

实际上，桌子无法获得稳定，既不是桌子的问题，也不是某条腿的问题，而是桌子和腿的组合出现了问题。

这如果换到亲密关系里，就常常不是某个人的问题，也不是选择的问题，而是两个人都不知道如何发展有效的关系的问题。

01 我们都还不够懂得爱，却急着为爱做决定

在咨询中，我经常会看到几种婚姻状态：

· 一种是，当婚姻关系不能满足自己的期待时，就会越来越绝望，然后选择结束婚姻。

· 另一种是，即便婚姻已经很糟糕了，却没有什么感觉，也不抱任何期待，日子仍然照常过着。

· 还有一种是，对婚姻感到很不满意，但维持下去的方式，不是抱怨对方就是苛责自己，矛盾不断，争吵不休，日复一日。

这些选择，就是我们的父母那代人最常见的婚姻选择：遇见靠缘分，维系却全靠忍耐。

能忍的人，通过隔离自己的感觉来维持婚姻。不能忍的人，天天都想离婚。既忍不了又做不了决定的人，就每天活得鸡飞狗跳。

在我们没有发展出自己的关系经验之前，面对自己的爱情和婚姻时，一开始也是沿袭这样的原始模式：要么忍，要么分，要么抱怨不停。

曾经，有一位女性来访者跟我讲，她谈第一段感情，遇到一些不满意，她妈妈就跟她说：这样的人，就该分！

于是她分了，即便很舍不得！

这几年谈了好几段关系，也有过一段短暂的婚姻，她妈妈已经不再说什么了，但是每段关系都是谈不了多久，她就不想再继续。

她非常着急，眼看着自己年龄越来越大，不知道该如何寻找自己的幸福。

而她的母亲也是早年就跟她父亲分手了，独自一人把她抚养大，对婚姻非常失望，这些无奈早已经渗透到了她对待关系的态度里。

另一位女性，结婚三年，每当关系里遇到问题，她妈妈总会告诉她：忍忍就过了，婚姻不就是这样过日子吗？

她一开始也忍，后来实在忍无可忍。每天争吵和呕气，积压了太多的委屈，身体也开始亮起红灯。

在她的童年记忆里，父母也总是吵架，正因为如此，她才非常渴望婚姻幸福，然而刚刚燃起的希望之火很快就被现实浇灭了！

不想忍又能怎样呢，跟妈妈一样，除了忍，往前走的路她十分陌生，只得被迫停留在原地。

现实生活中，有太多人处在这样的爱情和婚姻里，沿用着最原始的关系模式，心里早早就对关系判了死刑，自己被卡在进退两难的境地里。

于是，有的人努力、挣扎着寻找出路，着急地做着一个接一个的决定，尽管竭尽全力，但在关系里仍然是一头雾水，对于自己和伴侣，仍然像个陌生人。

02 幸福，是一门需要修炼的功课

可以这么说，从婚姻不幸福的家庭中走出来的孩子，多采用父母给予的不及格的原始关系模式，不断幻想着在亲密关系里拿高分。他们的日常大多活在这些状态里：

· 一种是，如果不幸福，就埋怨对方。

· 另一种是，如果不幸福，就埋怨自己。

· 还有一种是，一会儿埋怨对方，一会儿又埋怨自己。

越埋怨对方就越觉得对方太差，只想马上换人；越埋怨自己，就越觉得自己糟糕，不配有幸福的关系。

无论是哪一种状态，在这种伤人、损己的原始关系模式当中，都很难会有幸福关系的幸存者。

许多人以为幸福是一种理所当然，只要足够幸运，自己一定会遇上一个完美的拯救者，然而任何幸福的关系都不是一厢情愿的结果。

如果我们并不了解婚姻，也不知道如何照顾自己和走进另一个人的内心，即便我们有着非常强烈的渴望，恐怕也很难如愿。这就像盲人摸象一样在关系里折腾，不仅会伤了别人，也会伤到自己。

同样是从原生家庭的关系模式中走过来，为何有的人可以活得更幸福，有的人却只能在关系里撞得头破血流呢?

因为这个社会上存在两种人：一种是反思型的人，另一种是反应型的人。

对方如何对我，那我就要立刻想办法如何对他，只要结果而不关注过程，这就是反应型的人。

当遇到事情时，会有一个独立的自我空间，通过事情引发的感受去进一步跟自己确认、整合，然后再做出决定，这是反思型的人。

自我空间越大，我们就越有机会透过表面行为去理解自己和对方，让彼此都更容易在关系里获得幸福，这就是更成熟的关系。

03 想要幸福，先让自己具备幸福的能力

反思型的人所具备的自我空间，就是一个人幸福的能力所在。

当我们在关系里面临各种挑战时，就更需要有一个安全、强大的基地，让我们可以照顾自己、休整自己，也可以为自己做选择，并更好地成就自己。

在这个空间里，我们的认知力、感受力、觉察力和接纳力就是一套组合拳，帮助我们去消化在关系里所产生的情绪。

这些能力发展得越好，组合运用得越好，我们感觉到的自

我就会越稳定。无论是一个人独处，还是在关系里，你就有了一个强大的内在消化系统去整合来自外界的任何刺激。

对于反应型的人来说，无论发生什么事情，都会更加倾向于如何做决定。而对于反思型的人来说，他们会清楚地知道，只有留给自己足够的空间，才能更清晰地做出好的决定。

所以，如果我们想要从反应型向反思型转变，就要刻意留给自己空间。如果你以前吃东西总是急忙吞下，那现在你就需要让自己慢一点吃，先慢慢地咀嚼。

比如，一个人内心总是存在A和B两个矛盾的想法，那么你现在就不用急着去实施A，也不用急着去实施B，而是可以去看看这些矛盾的想法的本身。

再比如，如果在婚姻里，对方做了一件事情让你十分气愤，你恨不得马上提出离婚，你可以先不用急着做决定，而是看看自己的愤怒是怎么回事。

当我们内心的很多反应性情绪，有了一个空间去沉淀之后，我们仍然会有自己的决定。但是有反思空间的决定，常常能帮助我们获得持续稳定的发展，而没有任何反思空间的决定只会搞糟我们的生活。

生活在这个社会，每个人都会遇上很多机会，你可以错过任何机会，却不能错过发展自己活出幸福的能力！

几乎每个人都渴望幸福，渴望更好的关系，渴望被看见和被认可，然而当我们面对自己和他人时，一定会有很多的感觉。如果我们没有空间去体会和消化这些感觉，而是着急去做出反应，就没有机会去深入理解关系。

一个人越想要幸福，就越要有意识地发展自己的自我空间，只有这样才能摆脱被潜意识牵着鼻子走的被动，进而全面接管自己的人生。

面对自己在关系里的许多感受，如果我们能给自己一些耐心，通过这些感觉碰撞，去发展自己必备的幸福能力，这不仅不会错失良机，还会让我们在未来走得更稳、更快、更踏实！

2. 女性想要更幸福，先甩掉身上的这三个包袱

我常常听很多女性讲自己对未来的期待，很多人都希望自己可以更幸福。

在传统文化里，一个女性想要改写自己的人生，是一件极其不容易的事情。而如今，是真的可以做得到。

我们可以有自己独立的经济来源，可以通过很多渠道学到想学的任何专业知识，可以获得更有效的帮助，也更容易找到自己的支持系统。

一个当今时代的女性，如果真的想要活得更幸福，是完全可以做到的。然而，却仍然有很大一部分女性活在水深火热当中，是什么阻碍了她们活得更幸福呢?

01 情绪包袱：习惯做一辆自动驾驶的汽车

李女士四十岁，她的工作是客户服务，工作二十年来，她一直勤勤恳恳，新人换了一拨又一拨，后来的人都升到了管理层甚至决策层，她却没有获得任何提升。

她经常感觉很累，上完一天班就什么都不想做了。但她的工作量其实并不大，每天大多数时候都很清闲，她一直都知道如何努力能做得更好，但却没有付诸行动。

对于孩子，她也感到很愧疚，时不时就会对孩子发脾气，发完脾气之后又很后悔。有时候，她感觉很烦躁，就会使劲儿吃东西，看着自己越来越胖的身体，她更加讨厌自己了。

我见到李女士时，她有很多对自己的攻击言论，她哭诉：我不知道我为何这么差劲，工作没干好，孩子没养好，还把自己搞成这个鬼样子，我到底是怎么啦？”

我问她：“是否感觉自己就像一辆自动驾驶的汽车，到处被障碍物碰撞，却抓不到自己的方向盘？”

她笑了，说：“这个比喻真有趣，好像我从来就没有连上过自己。”

在李女士身上，我们可以看到她有明显的情绪问题，这些最常见的信号就是：暴饮暴食，时不时发脾气，做事不多却总觉得累，没有精力去做重要的事情。

识别和处理自己的情绪，是一个成年人每天都要做的事情。但是，我经常看到很多人压根儿就没有意识到自己的情绪问题，只是觉得自己过得不开心或者不顺心而已，当然也就不会想到要去识别和处理自己的情绪。

这样一直被情绪牵引着自动运转，当缺乏觉知的情绪占据了一个人大部分的空间时，人生也就变得非常被动，很难再有可以选择的空间。

很多女性生活不幸的最大根源，正是因为长年累月背负着沉重的情绪包袱，却缺乏觉知。一旦她们开始有意识地关注这些情绪、理解这些情绪时，她们就可以跟自己建立连接，也就离开了情绪的自动驾驶模式。

女性想要更幸福，必须学习如何做情绪的主人，而不是让情绪做自己的主人。

02 情感包袱：求之不得，得之不安

除了情绪包袱，情感包袱也会占很大的比例。情感本来是一件让人感觉很美好的事情，那为什么会成为包袱了呢？

当我们把精力过度透支给了情感时，就会被情感占据，进而失去自己。

举个例子来说，就好比我们花十年的时间什么也不做，只打了一口深井，我们就得指望这口深井来满足自己所有的需要，不只是喝水，还要吃饭，还要创造收入，等等。

当一份感情被过度投入，投入的程度比自己还要重要时，我们就不得不把自己的人生甚至生命都与它紧紧捆绑到一起，如此关系反而变得更糟糕。

投入得越多，对关系的期望值就会越高，再加上关系本身的动态变化，你会无法自控地想要索取更多，如果不能如愿，人就会变得很疯狂。

一个人开始背上情感包袱的信号就是：你会从关系里感受

到越来越多的不安全感，并且随着这些不安全感去做很多身不由己的行动，这反而让自己更讨厌自己。

注意，这不是让大家极端到不要有情感，也不是不可以深爱一个人，而是除了情感，你还要有对于自己很重要的东西去平衡生活，这样一份情感才不会变成你肩上一个很重的包袱。

也就是说，一个女性越是期待一份关系可以正向发展，就越需要有一个可以稳定自己的东西，可以是你的工作、事业或者任何爱好，总之你很难通过情感去获得自我稳定。

那些渴望浓烈情感的女性，常常有两种可能：一种是如愿找到了，另一种是一直在找。实际上，无论哪一种结果，都不会终结你内心的不安全感。

最安全、最长久有效的方式，不是在关系里去做功课，而是从自己这里找到自我稳定的根基。任何别人给的力量都不能持久，唯有从自己身上找到的力量，才能给你安全感。

如何才能好好去爱，如何才能甩掉情感的包袱呢？如果你的心里很渴望爱，你要更勇敢地面对挑战、更善待自己、更认真地经营自己的人生！更多的自我稳定和自我照顾，能让你更轻松地去爱，也会更容易被爱。

03　被定义的包袱：想要被看见，却总是被否定

这是一个容易被忽略的包袱，女性的养育环境常常会有更多的被压制之处，以至于很多女性习惯了听从他人的声音。

慢慢地，别人的这些声音无处不在，甚至有时连自己都会站在这些位置去质疑自己。这也是很多有才华的女性不能很好地展现自己的原因，她们总在等待着被许可、被看见，而事实上又总是被忽略、被否定。

这种无法获得确认就会觉得不安全、好像自己就不存在的感觉，也就是 PUA 可以行得通的原因。如果我们跟这些自己邀请进入生命中来评价自己的声音死磕到底，要去争气、要去努力证明，人生就很难有幸福可言。

我们的一生，不是只能拼命摆脱别人为自己设置的不合理轨道，我们可以自己选择一个新的轨道，哪怕可能不被理解。

举个例子：如果别人说你不行，你就开始打击自己，或者想要通过努力证明自己很行，你就轻易允许了这些声音来控制你的生活。相反，如果别人说你不行时，你先不去想自己到底行不行，而是想是谁给了你来评价我的权利，那样你就坦然了。

所以，被定义的人，经常自己生闷气，也会有这样的埋怨：为什么你就不能多理解我一点。虽然我们都渴望被理解，但生活中不被理解的时刻却更常见。过年期间，我去看望一个帮助过我的大伯，大伯不知道我的发展怎样（也并不关注）。

谈到我最初没有进体制这件事他还耿耿于怀，苦口婆心地叮嘱我：“你的人生这样就算了，以后你的孩子一定要走体制啊！”

我微微笑着说：“是的，你说得很对，谢谢你！”

回到家，我妈妈听到之后，非常生气。我想了想，其实我大伯是想为我好，但他的理解就只能这样了，我有自己的想法和选择，我明白就好了，哪需要跟他去争辩什么。

或许，在我们的身边，时常会有这样的一群人，他们明明跟你很亲近，你却无法让他们理解你，无论是生命中的喜悦、忧伤、感动和难过，都无法被看见。

他们可能是你的父母、丈夫、孩子、朋友、同事或者其他的任何一个人，你曾经对他们寄予了希望，又可能会很失望，这都很正常。毕竟，希望每个人都可以极其贴切地来理解自己，这是非常自恋的幻想。

更多对自己的理解，还需要自己来完成。与等待着被理解相比，学习如何在不被理解的环境中存活下去，通过更多的自我理解深深地向下扎根，才能不轻易迷失自己的方向。

3. 要有被爱的底气，也要有被嫌弃的勇气

现在，嫌弃妻子、嫌弃丈夫的人越来越多，随便捋捋就是一大把。

如果听他们讲自家人的各种不是，很多人会动恻隐之心，想要把他 / 她从水深火热中救出来。

但是，清醒的人会问自己一个问题：他 / 她那么嫌弃对方，那么不开心，为何不离婚解脱自己呢？

“那还不是因为孩子吗？”你可能脱口而出。

是的，孩子非常重要，可你见过真实的婚姻里，动不动就把对方夸上天的人吗？

01 爱情让你幻想去飞，婚姻却要拉着你落地

每当有男人出轨，女人们都会大倒苦水：他说人家女孩怎么好，怎么懂他，他终于遇见了真爱！可我们当初也是这么过来的，他也曾信誓旦旦地说对我好，怎么如今就忘了呢？

这让人难免感到疑惑，男人们一开始都懂爱，结婚后就成

了睁眼瞎；女人们一开始都温柔体贴、善解人意，结婚后也开始变得惹人厌。

为什么婚姻这么可怕，进去这个城堡之后，男人和女人都变了呢？

因为，在爱情里，可以把一个人美化到极致，你好我好大家好。婚姻却不一样，婚姻里存在很多现实的分歧，要解决这些问题，不可避免地就会出现矛盾冲突。

这导致很多人进入婚姻殿堂之后就有了错觉，自己这么不开心，就是因为婚结错了，人也选错了，因此一直对婚姻心存遗憾。

实际上，并不是婚姻错了，而是婚姻更贴近现实，让人变得更真实了，也让人更难以接受了。

爱情让一个人的梦越做越美，婚姻却让人变得越来越现实。结婚前可以觉得一个人怎么都好，结婚后却很难再看见对方的好，甚至对不好的埋怨会远远多于对好的念叨。

真实的夫妻，多少都有点相互嫌弃

人们都说最好的夫妻是共同支持、共同成长的，然而我最近却发现一个有意思的现象：但凡生活得真实的夫妻多少都有点相互嫌弃。

只要两个人还要一起过日子，冲突就不可避免：

总有一些事情，你擅长而对方不擅长。

总有一些想法，你和对方不会完美地同步。

总有一些决定，你们会有不同的意见。

这时候，无论男人还是女人，都可能忍不住要想：如果他能怎样怎样，就好了。

可现实是，你觉得很简单，他应该做得到，实际上他做不到，嫌弃就开始了。

前几天有一个读者留言，打了一个形象的比喻，她说：“最窝火的事，莫过于自己是条狼，却遇到一个猪队友。”

这样的嫌弃，在婚姻里随处可见。

打个比方说，那个觉得自己是狼的妻子可能会说：“我的毛都比你长，你毛怎么那么短呢，真是不可理喻。”

而换个时间，猪伴侣也会反唇相讥：“我跑得比你快，你怎么跑得这么慢呢，真是比猪都还不如。”

那么，到底他们谁是猪，谁是狼呢？

我们分不清楚，也不需要分清楚。但是，有一点却非常清楚，就是有时候，我们需要通过嫌弃对方，来发泄一下期望未达成的失落。

同时，通过嫌弃对方，确认了自己在某些方面相比对方更有优越感，这样我们就获得了一种自恋的满足。

当婚姻中这样的嫌弃出现时，如果你不因对方的嫌弃而贬低自己，你成熟的自恋就能把这些嫌弃通通给挡回去。

这样，对方既满足了他的自恋，你也不会因此攻击自己，你就可以在婚姻的鸡毛雨中生存下来，学会兵来将挡、水来土掩。

而那些掌控不住嫌弃的人，耐不住自恋的损伤，就会因为被别人说是猪，想要真的换个人来证明自己是条狼。

打了败仗，于是想找个更配合自己的对手，来确认自己是好的，很多的婚外情就是这么发生的。

当你在一个人那里总是碰壁，感到十分痛苦，而在另一个人那里却总是被同情、理解和懂得时，婚外情就如此简单地发生了。

但是，故事还远没有结束。一旦感情深入发展，虚幻开始落地，嫌弃模式就会重现，没准又会再逃离。

罗曼·罗兰说：世界上只有一种英雄主义，那就是认清了生活的真相后，还依然热爱它。

或许每一段好婚姻，都是在践行这样的英雄主义，那就是认清你所嫌弃、或嫌弃你的人之后，依然还可以舒服地在一起。

02　好婚姻就是，不因被嫌弃而失去自我

男人都喜欢玫瑰，但却娶了烧饼，这是不争的事实。

不是女人结婚就变丑了、变糟了，而是男人看女人的角度变了，从一开始要求女人赏心悦目变成了只看女人的实用性。

所以，一个女人甘愿为一个男人被当成烧饼，是不容易的。只是很多进入婚姻的女人，并没有意识到婚姻会带来怎样的转变。她们只是满怀期待地带上玫瑰的梦想，却不知道还需要带上一份被嫌弃的勇气。

玫瑰被压缩蹂躏之后，自然苦不堪言，有的人很快放弃了，也有的人甘愿过一种柴米油盐、相夫教子的生活。

幸运的人，某一天厌倦了做烧饼，重拾起玫瑰的梦想时，还可以换一段感情再开始；不幸的人，千辛万苦成了烧饼，无奈丈夫却被外面的玫瑰吸引去了，进而对人生彻底绝望。

实际上，一切并没有那么糟糕，玫瑰有玫瑰的美，烧饼也有烧饼的价值。不要因为玫瑰吸引人，就否定烧饼的价值，更不要因为烧饼有价值，就迫不及待放弃自己的美好。

恋爱时可以脆弱，而婚姻却需要厚脸皮。不论是玫瑰，还是烧饼，只有盲目否定自己的人，才会得不偿失。

不管你在伴侣的眼里，最终会被看作什么，只要你允许自己保留一些自恋，你就会有自己独特的一部分，在你的心里，你可以永远是一朵自己喜欢的玫瑰。

如果你在自恋的同时，也能允许对方自恋地去证明他的英明和伟岸，你就是一个让人欲罢不能的鲜花饼。

如果被你嫌弃的人，并不因为被嫌弃而痛苦；如果你被嫌弃，你也不会因此失去自我。这样的相互嫌弃，在婚姻里就促成了两个成熟人格间的别样亲密。

所以，有一种美好婚姻是，有时候我很嫌弃你，但是如果你需要，我也可以被你嫌弃！

愿我们每个人都能拥有被爱的底气，也同时拥有被嫌弃的勇气！

4. 在婚姻里，做一个永远留有“后劲儿”的女人

二十几岁的时候，我在一家公司上班，每天忙得脚不沾地，事情爆满，说话做事总是急冲冲的。

当时有一个让我很佩服的女孩子，也就二十几岁，说话永远气定神闲的样子。每次无论我多么着急，多么不耐烦，去找她办事时，她都会慢慢听，然后轻言细语地说。

她身上有一种难得的松弛感，能让你从心里折服，所有的躁乱和不安也一并被收服了。

后来，随着生活阅历的增加和咨询中见到的女性变多，我发现许多活得幸福的女人，看起来都有一种定力，表面上不露声色，却后劲儿十足，自然让人敬畏三分。

我把这种遇事沉着冷静的女性称为“后劲儿型”女人。那么，“后劲儿型”女人是怎么修炼来的呢?

01 在婚姻里提前把劲儿使完了，婚姻也就完了

和“后劲儿型”女人相对的，是另一种总想做得更好，让

关系变得更好的女人，我把她们叫作“前进型”女人。

“后劲儿型”女人的特点是看起来永远只使出一部分力气，而为自己留有充足的后备能量。

而“前进型”女人的特点是无论大事小事，都习惯于先使出全部的力气，她们很明显的特点就是“满”：把话说满，把事做满。

如果不重复、不使劲儿去讲话，就怕别人听不明白；如果自己做事不反复琢磨，就怕别人觉得自己不够好。

这种想要做满、说满的渴望，会耗去一个人太多的精力。当我们将精力全部投入其中，自然会非常在意结果，无法承受任何变化。

这就像下赌注一样，当你把全部身家都押在一个局里时，这个局的结果就直接关系到你的身家性命，你很难做得到淡定从容。

接着，为了躲避选择带来的无法承受的风险，你就会被焦虑裹挟着失去理智，像个无头苍蝇一样在关系里乱撞，直到关系越乱，就更没有空间来容纳情绪、厘清思路以及寻找出路。

“前进型”女人因为底子很不结实，就会想加倍努力，无论是对于恋爱、婚姻还是孩子，都会倾注自己所有的精力。

原本这只是她们更快获得安全感的方式，实际上当使完了所有的力气，却没有获得想要的结果时，她们在关系里会更加无力和缺乏安全感。

如果这时候还想要再赌一赌，使出赌徒翻本的劲儿，就更让人感到可怕，一次次加大赌注，就会一次次陷入悲剧。

这就是很多女性婚姻不幸的闭环模式，一次赌输了，再赌再输。但坚持一直赌下去，有错吗？

她们只是特别想要获得一个好的结果，并为此全力以赴，每一次都特别努力而已。

可是，提前把劲儿使完了，自己就没有任何空间和选择了，关系也就结束了。

02 好的婚姻状态是保护出来的，不是牺牲自我换来的

在当今社会中，无论男性还是女性，都有一种对全能女性的盲目崇拜。男性往往希望自己的妻子又顾家又能干，女性也常常拿自己的弱点跟别人的优势做比较，觉得自己哪哪都不行。

于是，很多女性在潜意识里为自己上了一根发条，要成为好的、更好的、最好的自己，唯恐自己做得不够好，落后了，被比下去。

这些在想象中被追逐的完美女性光环，正在不断压榨许多女性的自我空间，让她们不断地亏空自己。

这就是为什么一开始在婚姻里非常通情达理、包容忍让的女人，后来往往会变成一个个蛮不讲理、令人生厌的女人。

因为她们在婚姻里付出得太多，亏空得太多，等到因为失望，不得不往后退时，才发现自己一无所有，许多人就又退回到原来的局面里，继续亏耗下去。

所以，对于婚姻，要有投资心态，而不是赌徒心态，与其指望自己在某一刻大赢一场，不如一开始就尽可能让自己不要亏损。

因为你根本不知道，哪一次亏空的结果，是自己无力承担的。

我曾经眼见着一位朋友是怎样不知不觉掉入这个局的。

刚结婚时，男人很顾家，什么都舍不得让朋友做。朋友很感动，也开始默默付出。

比如，每天把家里收拾得干净整洁，做饭也总是优先照顾先生的口味，任何事情都先征求先生的意见，甚至为了让先生专注于工作，连生病、产检都主动提出不让先生陪。

刚开始先生逢人便讲：我老婆真好，她是这个世界上最懂我的人！

那段时间，他们俩夫唱妇随，秀足了恩爱。

后来，朋友怀孕月份变大，行动也不再像最初那样利索了，一次她先生回家看着还没来得及整理的房间，随口说了一句："你有空了还是收拾下屋子吧！"

朋友怔住了，心里感到无比委屈。

后来，她跟我抱怨说：为什么我已经大着肚子了，他都不知道体谅我，还觉得应该由我来收拾房间？以前我收拾得好好的时候他看不见，就这一次没做好，他就有意见了？

我说："是啊。做个好女人的功勋章你算是领过了，现在做个好女人的代价你也体会到了。"

当你习惯了在婚姻里用最高标准来要求自己时，你的另一半也会逐渐习惯于用最高标准来要求你。

直到某一天，你因为疲惫、生病或者其他情绪的影响，想要稍作休息时，你的另一半却可能不明白你为什么需要休息，反而责怪你松懈，为什么不能有以前一样的好状态。

婚姻里，如果你不能几十年如一日地坚持付出，并且做到无怨无悔，就不要轻易让自己成为一个什么都能扛的女超人，我们心里的劲儿还得留着慢慢升温、细水长流。

很多丈夫希望自己的妻子情绪稳定、善解人意、温柔得体，却不懂得一个好女人的状态是被保护出来的。当她面临很多艰难的事情时，如果丈夫能与她一起分担，尽可能避免被婚姻的琐碎耗尽所有的力气，女性的温柔和美好才有可能不被现实磨损。

然而，现实生活中有太多的女性，已经被生活逼得像男性一样刚强，又被男人们指望着能像女人一样柔软，这就是婚姻关系中最荒诞的地方。

所以，在婚姻里，当丈夫拎不清自己的角色，希望妻子什么都做好的时候，作为女性要十分清楚：你的努力和牺牲会换来什么，那个角色是你想要的吗？

03 在婚姻里，做一个永远留有“后劲儿”的女人

在婚姻关系里，很多女性因为缺乏安全感，所以喜欢控制。但是真正有效的控制，常常是不露声色的。

朱元璋有个打胜仗的战略叫：高筑墙，广积粮，缓称王。这几句话用在亲密关系里，也十分奏效。

观察那些留有“后劲儿”的女人，她们从来不会急着进攻，不会动不动就威胁、争执和打闹，她们只会谋定而后动，高筑墙、广积粮，就可以制衡对方。

这一点其实在男性身上表现得淋漓尽致。他们从来都知道什么是重要的，很少为了关系和家庭，去放弃发展自己的绝对优势。

所以，婚姻关系的相处之道在于，无论眼前的现状多么美好，或者多么糟糕，永远让自己留有“后劲儿”。

不要急着用完所有的力量，你能给自己储存多少力量，关系就有多少希望。

那么，如何做一个在婚姻里留有“后劲儿”的女人呢？

（1）避开无效的频繁冲突

很多婚姻关系的现状是，不断发生无效冲突，日复一日，鸡同鸭讲。

我们不需要刻意避开冲突，但需要避免频繁的无效冲突。

导致无效冲突的三种可能：

第一种，没有给冲突留出足够的时间沉淀。

比如，在发生冲突时，双方往往会针锋相对，常常不会有理解对方的空间，但是过几天或几周，就有可能多了反思的空间，状态也开始变得不同。

许多伴侣往往太指望冲突的当下能发生变化，于是不断发起冲突，却破坏掉了彼此反思的空间，反而让冲突最终变得无效。

第二种，不理解自己为什么要制造冲突。

有效冲突的前提，是有的放矢，清楚为什么要制造冲突。

比如，你射出一箭，为了让对方看见你、理解你，你就要清楚自己想要被看见和理解的是什么，对着这个靶心，你才有可能达到目的。

相反，在你不清楚自己的诉求的时候，一阵乱射，不仅不会带来想要的理解，还会带来更多的误解。

第三种，太指望以冲突来解决一切。

如果你所做的努力，对方根本不清楚，也从未参与，那么无论我们怎么表达，可能对方都很难感同身受。

这时候，我们与其不断与对方发生正面冲突，不如做一些其他铺垫，比如主动后退，让对方有机会参与更多；收回一部分力量，花在对自己更有意义的事情上，让自己感觉更好。

我的那位朋友，也是花了不短的时间，才让先生明白，原来妻子对一段关系的付出不是理所当然的。

所以，经常陷入无效冲突的女性，不如让自己多攒攒“后劲儿”，也让对方有机会参与一些琐事，有机会、有空间去体会和反思。

（2）允许自己不够完美

在许多女性的心里，会有一个恐惧叫“怕自己做得不够完美”，更怕在关系里被指责和否定。

实际上，金无足赤，人无完人。无论你想做得有多完美，我们终究会在对方面前暴露出自己无法完美的那一面。

追求更好，是人的本性。在一段婚姻里，我们总希望对方做得越来越好，可是人的精力终究是有限的，一直保持越来越好的状态是不现实的，当家庭里有越来越多的事情要操劳时，免不了会有厚此薄彼的时候。

那些在关系里一开始就付出特别多的人，一旦做得没有以前好了，往往就会受到伴侣这样的质疑：你怎么变了？你怎么能这么自私？你怎么可以这样只考虑自己？你为什么就不可以再多付出一点？

当你已经使出全部的力气了，一旦稍有松懈就被质疑，是不是为此感到特别委屈呢？

所以，与其努力让对方看到你的完美，不如尽早让对方学会接受你的不完美，意识到你也有自己的需要，你也需要被理解和照顾。

当你不再为了一个不可能获得的完美外衣，而穷尽自己的所有努力，也不再需要为了完美而掏空自己时，你会发现不为完美而活真好。

（3）永远为自己留出时间

对女性来说，无论你的家人是否懂得体谅你，无论你的先生是否知道照顾你，无论你的孩子多么需要你，我们永远都要懂得为自己留出时间。

只有我们重视自己的需要，懂得主动保护自己的状态，对方才有可能意识到你的需要是重要的。并且因为享受过照顾你内心需要的好处，才愿意主动为你的需要留出更多的时间和空间。

我们家有两个小孩，所以处理与孩子相关的事情，我、先生、婆婆都可以独自完成，比如洗澡、睡觉、看病、外出玩耍，等等。

一开始，其实每个人都有自己不擅长的地方，但是慢慢地，大家都学会了该怎么去做。

这样的好处在于，我们每个人都可以有更多属于自己的空间，当自己的需要被满足了，再面对家人和孩子时，就可以有一个更好的状态。

比如，我先生工作很忙的时候，我可以带着孩子玩；我需要空间写作、阅读或放松时，先生可以带着孩子；当我们俩都很忙时，我婆婆也可以把孩子接过去；当我们都有空带孩子时，婆婆又可以去跳广场舞了。

慢慢地，我们每个人都更懂得如何照顾好自己的状态，也更能尊重对方的需要。

无论我们被生活或关系耗竭得有多么厉害，只要我们能主动给自己留出时间，就可以有源源不断的后劲儿补充。

所以，当许多女性仍在追求做到完美时，那些真正希望关系变得更好的女性，已经在学习更好地照顾自己了，并且更深入地理解自己的需要，也更重视为自己储备充足的“后劲儿”。

婚姻里，走过弯路不可怕，只要你懂得为自己留有后劲儿，学会保护和照顾自己，这段关系就还有希望！

5. 女性能否主动创造自己想要的生活

一个女性朋友跟我抱怨她老公说："你看我现在，文能处理好家庭生活，武能赚到够用的银子，我都不知道我拿老公干什么用？好歹自己是个女人，还指望着有人给我遮风挡雨呢，一想到这心里就觉得特别委屈！"

我说："是啊！你这种文武双全的女人，放在男人堆里，都可以秒杀一众男人！"

过了几天，她跟我说："我想通了！"

我问她："怎么想通的？"

她说："我在交流群里遇到一个单身姐姐，人家不到 40 岁，经营着一家不错的公司，靠自己的实力买了十套房子，现在还非常努力上进，看到这我一下子就想通了！

"如果我现在也是单身一人，对于努力和奋斗，只会无怨无悔，可我是有老公的人，还要在前面披荆斩棘，没有办法坐享其成，一想到这些总感觉自己冤得慌。"

想想看，这是不是特别荒唐啊，本质上有男人和没有男人，都应该不影响"我"去追求"我"想要的生活啊。为什么有了男人，"我"就总想着安稳下来靠男人呢？

如果女人有能力、有梦想、有野心，完全可以靠自己过上更好的生活，为什么我们不可以全力以赴，一定要等着某个推不动、叫不醒的男人呢？

女性能否主动创造自己想要的幸福生活呢？

乍一听这个问题，回答肯定是可以啊！

但你仔细琢磨琢磨，内心真的可以不理会那些小女生情结，只管为自己痛痛快快地活一次吗？

或许未必。

01　你是否也被女性的角色局限了自己

在生活中，我经常听到很多女性说："如果我什么都可以做，那么我还要老公做什么？"潜在的意思是：如果我什么都自己做了，这段关系于我就没有任何价值，我就会离开这段关系。

如此的前提假设是：我需要你，是因为有些事情我自己做不了；如果我都能搞定，我就不会再需要你。

这样的关系是建立在补缺的基础上，我们因为缺失和匮乏而需要亲密关系。

可是即便我们真的很需要帮助，对方无论是出自主观或者出自客观的任何原因，就是补不上那个缺呢？

在亲密关系里，你没有被好好照顾，你的很多渴望和需要没有达成，你会如何面对这些不如意的时刻呢？

或许每个人都会不由自主地埋怨，但是你会一直埋怨下去，让自己陷入始终无助的困境吗？

如果你太期待被照顾，当遇到自己能解决的问题时，你做什么都会觉得特委屈；而遇到你不能解决的问题时，只会更多地埋怨对方，而不是去发掘自己的潜力。

许多女性把期待寄托在男人身上，初衷是想要让自己更幸福，表面上看是在表达“我值得更好地被对待”，实际上这一切不正是局限住自己了吗？

一旦男人满足不了自己的期待，要么抱怨，要么觉得委屈，而与此同时，由于长期把幸福寄托在别人身上而忽略了自己能力的提升和开发，这样，日后如何有信心为自己选择更好的生活呢？

我们传统的观念是，女人选择了男人，就决定了终身的幸福。

现实是，即便有了婚姻，也不能将你和谁永远绑在一起，你永远都有选择的权利，也应该一直为自己的人生去负责。

02 限制你的不是性别角色，而是你的自卑

女性的角色相比男人，是有一些性别优势的，就是无论何时，进可攻、退可守。

无论你选择哪一种，在现实生活中都是可以实现的。

当现实不再逼着你做出任何一个选择时，这时的选择会更加考验人。

退守和进攻最大的不同在于，“进”一定是为了自己在进，

而“退”在很大程度上是为了别人在退。

当你选择让别人的重要性大过自己时，只有一个原因，是你对自己不够有信心。

你将大把的时间和自己的未来都押在别人的身上，是因为你不敢把未来押在自己的身上。

然后，随着我们越来越多地为别人付出，我们为自己主动创造和争取的资源变得越来越少，这意味着我们正在逐步削弱自己的能力和选择的空间。

你会越来越觉得对方重要，而自己显得不够重要，这本质上会把关系拉向一个不平等的旋涡。

直到某一天这种不平等让你受到了伤害，你不得不重新回头来寻找自己，重新发掘自己的能力时，才发觉自己放弃了太多。

有的女性很羡慕那些被照顾得很好的女性，其实如果一开始就没有人替你遮风挡雨，利用好这个机会，你就可以尽早练就一身过硬的本领，遗憾的是很多人选择了用埋怨代替成长。

实际上，如果你真的想要对自己的人生有更多的掌控感，那就要做到无论身处怎样的处境，你都不应该放弃询问自己：什么样的生活对我来说才是有意义、有价值的？我又能为这样的生活做出怎样的努力呢？

不要轻易放弃自己，更不要随波逐流，那些舒适区会带来一时的幸福，但也可能让你在某一天很真实地失去选择生活的自由。

找个让自己幸福的男人，永远不是爱的终点。

能决定我们生活幸福与否的关键，不是你选择了跟谁在一起，而是经过岁月的洗涤，你有没有对自己更有信心。

生活永远充满波浪，而爱情和婚姻绝不是一条让你永远安稳的小船。

只有早一点把自己变成老练的水手，你才能成为自己人生航母的总舵手，去人生的大海上乘风破浪！

03 主动创造你要的生活，人生会变得更加自由

在现实生活中，即便是很有能力的女性，也常常有不善于展现自己优势的那一面，不愿意去参与竞争和展现自己。好像谦让和被动，很多时候已经成为刻在女性骨子里的“道德标准”。

于是，女性往往觉得最理想的样子，是等着别人替自己发声，等着别人给自己支持，等着别人替自己争取以及做出最重要的选择。而这个被寄予最多期望的人，常常就是另一半。

很多时候，女性因为着迷于幻想，极其渴望被照顾，而脱离了现实。

那些小男生们自己都还需要历练，对自己的人生都感到很迷茫，哪有能力来为你做出周全的考虑；而那些事业有成的熟男们，早已经将各种伎俩烂熟于心，表面看似在为你考虑，但

心里也许早已开始为自己盘算。

如果你总希望有人能为你创造出你想要的一切，那就大错特错了，因为这个最靠谱的人是你自己。

实际上，如果跳出小女生思维，女性除了在体力上不如男性外，在很多事情上，就真的需要被特殊照顾吗？真的需要有人来为自己负责，来替自己做决定吗？

或许未必。

女性天生就拥有为自己的人生做决定的能力。

当女性跳出对自己角色的僵化认知时，就会发现人生中绝大多数的事情可以自己做决定。

在一个女性还很年轻的时候，与得到帮助和建议相比，更需要的是历练，即在不确定人生方向时去做选择，去确认自己想要什么，以及为自己的选择承担后果。

这个过程太重要了！

但遗憾的是，很多女性把这样历练的机会，拱手让给了男人。

你试过，你努力过，即便会选择失误，也会成为你的经验积累。只有经过这些历练，当岁月渐长，你才会变得更加自信和坚定。

所以，不要苦等着别人为你做出满意的决定，而让自己一直活在一种不情愿的生活里。

你自己就可以做决定！并且你太需要自己做决定！

对自己，可以给予足够的温柔和照顾，而对待生活，要穿上盔甲去战斗。

女性的目标，不应该局限于改变自己眼前的处境，还可以着眼于创造你想要的生活。

当你尽力去解决所遇到的问题，勇敢地去试错、去做决定、去直面生活的困难时，你就是在为自己积攒更多的勇气，主动开创属于自己的幸福生活！

第七章

接纳婚姻的不完整，才是另一种完整

1. 如果爱情和婚姻让你失望了

· 你是否曾经想过，要找一个很爱自己的人，一起幸福一辈子；

· 你是否曾怀着满分的期待，无怨无悔地在婚姻里付出；

· 你是否觉得他 / 她就是你生命中的全世界……

可是，某一天，一切都变了。

· 或许，他 / 她并没有像期待中的那样理解你。

· 或许，在你感觉受伤时，他 / 她没有坚定地维护你。

· 再或许，你发现自己在他 / 她心目中并非如想象中的那样重要……

于是，你内心最柔软、最充满希望的地方，深深地被伤害了！

更可怕的是，在内心深处，那些在过去强有力地支撑着你，让你感觉这个世界的善意与美好的东西开始坍塌，而你却只能眼睁睁地看着这变化，茫然无助，无比痛苦。

01 曾经以为，爱情和婚姻会带来一个全新的世界

35 岁的小芬第一次经历了这样的痛苦。

她和先生在大学时相识，结婚 13 年，育有两个孩子，她一直觉得生活很和谐、幸福。

她像所有的好妻子一样，贤惠持家、相夫教子、独立自主；而他的先生也像所有的好先生一样，幽默风趣、积极上进、包容忍让。

在外人看来他们是模范夫妻，连红脸吵个架都很难。她觉得如果没有这次的意外发现，她非常坚信会跟这个人幸福地过一辈子。

然而，她无意间看见先生跟一个男性朋友的聊天记录。

一开始是朋友对先生大吐苦水，说自己的生活如何糟透了，又说她先生是怎么幸运遇上一个这么好的老婆。

她先生说："我老婆人是挺好，但我们之间的好只是表面的好，往深里讲，她其实一点也不了解我，我也不了解她，我们只是凑合着过日子而已！"

这些话对她来说犹如晴天霹雳，她原本以为的幸福，在先生的眼里怎么就成了凑合着过日子。

在她心里，一下子有好多情绪开始翻滚。

一开始是难以置信，那么好的感情怎么就变成她先生说的那么不堪呢？

接着是委屈，心里想着这么多年自己对这个家庭的付出、

对先生的信任和尊重，换来的却是先生嘴里的“表面功夫”。

接下来是愤怒，痛恨先生既然已经觉得婚姻不好了，却不早点说清，好聚好散。

再后来是自责，觉得自己一定有地方没做好，才会给先生带来这样的误解……

还有羞耻，原来关系里的好，只是自己的一厢情愿，感觉自己就像个小丑一样……

她跟朋友倾诉，朋友说：“这没什么大不了的，他又没做什么出格的事情，万一他只是这么说说安慰一下朋友呢！”

然而，在她的心里，就像压了一块大石头，再也无法轻松地生活工作，连以前最喜欢的看书和陪伴孩子也变得没了心情。

但凡觉得你应该很快走出痛苦的人，都因为对痛苦了解得还不够深。他们并不知道，如此的打击对于一个人来说意味着什么，又会给他（她）带来怎样的内在颠覆。

很多人会对爱情和婚姻寄予特别的期待。十分渴望在这个世界上，一定有那么一个地方，有那么一个人可以温柔地接纳自己，让自己感觉温暖幸福。

当一个人心里有期望、有梦想的时候，总会感觉生活无比美好。这些最原始的欲望，让我们可以离开过往一些糟糕的感觉，勇敢地往外走，去发展自己，去探索世界，去冒险前行。

然而，期望总有落空的时候，我们无比痛苦，是因为它严重摧毁了我们过往的“逃生模式”，我们既不想跌回过去的糟糕感觉里去，又不知道该如何重新找到往前走的信心。

所以，几乎每一个对于爱情和婚姻寄予深切期待的人，都可能遭遇失望，甚至绝望，曾经以为通过爱情和婚姻的大门，可以进入一个不同的世界，让自己的感觉变得更好，然而事与愿违。这是一个真正充满考验和挑战的世界。

02 因为失望，我们才第一次看见了自己

很多时候我们都在想，为什么我的爱情或婚姻就不能幸福一点，再幸福一点呢？这样的生活该有多美啊！

当然，爱情和婚姻可以成为我们生活里很重要的一部分，但是如果我们把所有的期望都放在关系的幸福上，我们就会为了关系做出太多的自我放弃和牺牲。

正如前面案例中的小芬后来说道："我好像逃到了婚姻的壳里，并寄居了多年，努力把真实的自己藏起来。然而这样的努力，或许对于真正的亲密关系来说恰好是背道而驰。"

在小芬过往的成长经历中，她是一个被父母忽略的孩子。她乖巧、懂事、努力上进，以此来获得父母的肯定，不敢有自己的任何主张和想法。

在婚姻里，她依然是一个上进的好妻子，竭尽全力做到最好，来获得丈夫的认可。

然而，当认可褪去，她终于感觉，自己真的太累了。

她很爱她的先生吗？未必。或许她爱的只是那个可以获得

认可的自己。所以她会迎合，渴望认可，渴望别人会爱上自己努力维持的好形象。

可是，既然这个外壳并不是别人喜欢的，又或者反正怎么粉饰它别人都不喜欢，那究竟自己想要怎样活才好呢?

恍然之间，小芬感觉自己好像失去了太多，于是重新在心里确认自己想要成为一个什么样的人。

虽然不被认可很遗憾，但她又仿佛看到了一些希望，她终于可以从繁忙的寻找认可中歇一歇，好好看看自己究竟想要活成什么样，而不是去扮演自认为别人希望她活出的样子。

对于一个没有机会活出自我的人来说，爱情和婚姻或许并不是真正意义上的爱情和婚姻，而只是作为一种弥补成长过程中某种缺失的寄托而存在。

只有当我们很努力地去尝试了，却无法实现想象里的那些感觉时，我们才能第一次有机会向内去看清自己。

03 当想象的世界崩塌，新的人生却开始了

当想象的世界开始崩塌，当我们多年苦心的努力化为灰烬，对于我们的内心来说，这是一种难以想象的天翻地覆的变化。

甚至，很多人在这个时候都不知道要如何活下去。

然而，在人生中，常常是这些特别痛苦和艰难的时刻，让我们得以看清自己的位置，扭转人生的航向，去往自己真正想要到达的地方。

当我们活在想象的世界里时，这很美好，但遗憾的是，我们或许会为此丢失了最重要的自己。

而当我们从想象中的世界中跌落，开始有了自己投给自己的第一束目光时，才变得真正拥有了自己的“生命”。

从这时起，你会真正发生改变，你不再是一个努力为他人而活的傀儡，不再认为自己不重要，不会轻易地对伤害自己的事情说“无所谓”。

所以，我常常觉得，如果爱情和婚姻让你失望了，这在你的感觉里或许真的很糟糕，但是对于你的人生来说，却有可能是一个充满希望的转机所在。

如果你还没有真正为自己活过，却选择为了一段关系而活，去过一种和谐却不幸福的生活，那就是不值得的。只是，对于很多人来说，对于自己的幸福与不幸福，已经没有了感觉。

人的成长过程，实际上就是一次次破土而出、打破和谐的过程。

如果你经历过，或者正在经历失望，或许你自己的人生才刚刚开始呢。期待你有机会去看见自己，选择你真正想要的生活。

就像一本书的书名“我们都曾受过伤，却有更好的人生”一样，我希望有一天，当你回顾自己经历的一切时，也可以自豪地说：我受过伤，但我却活得更好了！

2. 什么样的人在亲密关系里更有吸引力

生而为人，我们都有一个最基本的需要，就是希望自己对于别人来说是重要的，特别是对于那些你深爱的人。

你更希望自己对他 / 她是有吸引力的，是被喜欢的，是值得被爱的。

那么，如何才能在亲密关系中更有吸引力呢？

有的人觉得是要足够漂亮或帅气，也有的人觉得要足够优秀、聪明，还有的人觉得要事业成功，要有良好的经济基础，要情商高，要懂得照顾别人的感受，等等。

那么除了这些看起来足够优越的外在条件和能力之外，是什么决定了关系里最核心的吸引力呢？

一部知名的电影《小妇人》里面的角色给了我们很多的启示。

01 乔：“我不会因为几句赞美就选择挨饿。”

乔是一个很有才华的作家，一开始为了帮助母亲养家，她必须把自己写的稿子卖出去。为了满足报社的需要，她需要写那些能够迎合大众口味的文章，然而这并不是她所喜欢的。

她没有任何犹豫，就做出了决定。相比坚守初衷来说，那一刻她更需要钱。她的内心非常清楚，只有更多的钱，才能帮助家庭渡过难关。

可是当她把自己的作品拿给喜欢她的一位大学教授看的时候，对方却说："我不喜欢你写的这些作品"。

乔辩解说："可是这些很受读者欢迎啊！在他们眼里，我是一个很有才华的作者。"

乔有些生气，毕竟这是她第一次把作品拿给自己信任的人看，然而却遭到这样的评价。

教授告诉她说："我也觉得你有才华，这才是我直言不讳的原因。"

乔收起自己的作品离开，生气地说："我不会因为几句赞美就选择挨饿。"

乔很希望获得教授的认可，但教授其实并不理解她为什么要迎合大众去埋没自己的才华。

对于乔来说，最可贵的地方就在于，她一直都很清楚自己在做什么，即便不被理解，不被支持，她也选择支持自己。

正如她所说的"我不会因为几句赞美就选择挨饿"，她在告诉大家，我需要你的理解，如果你不理解，那么你就无权来评价我。

这样的经历，把乔的鲜活人物个性刻画了出来：思想独立，不卑不亢。

02 艾米："我不会因为你得不到乔，就答应与你将就"

电影中的另一个女孩艾米，不像乔一样有才华，但是她仍然活出了自己。

艾米一开始就跟马奇姑姑直言："我是无法依靠自己的，所以我一定要嫁个有钱人。"

因此，她跟经济条件优渥的弗雷德交往，朝着自己的梦想靠近。

她不仅如此清楚自己的需要，并且敢于诚实面对自己的需要。

后来，她在异乡偶遇劳里，她抑制不住内心的激动，邀请劳里去参加一个盛大的晚会。结果她足足等了劳里一个小时，等来的却是一个在跟其他女孩子厮混的劳里。

她非常生气地指责劳里幼稚，而劳里也直言不讳地戳破她的富豪梦，并且羞辱她不会被人爱。她回击道："即便没有人爱我，我也会被人尊重。"

后来，劳里追求乔失败，然后试图靠近艾米，艾米很清楚地告诉他："我不会因为你得不到乔，就答应与你将就，我不会把这辈子花在爱你上的。"

再后来，因为马奇姑姑的去世，劳里才意识到他其实很在乎艾米，于是他们终于走到了一起。

艾米是影片中把希望最多寄托在爱情上的人。可贵的地方在于，她并没有为此而放弃自己，她一直都在坚持学习画画，并且拒绝所有被轻浮对待的可能。

这相当于她在告诉别人：“我虽然需要你，但是我不会因此而不尊重自己，即便你看不起我，我也不会自轻自贱。”

03 越坚持做真实的自己，就越有吸引力

对于乔和艾米来说，在她们身上，都有一种很明显的忠于自己的气息。

在不被理解、不被尊重、不被爱的时候，她们没有选择通过迎合去获得认可，而是选择了支持自己、坚定地跟自己站在一起。

当她们做出一个选择的时候，她们也很清楚，这是自己的选择，并不需要别人为自己负责。

这跟现实生活中的规律是一致的：那些一开始就知道想要什么，并且不为满足需要就轻易放弃自己的人，会更容易被别人珍惜。

无论是乔，还是艾米，她们其实都并不完美，甚至有时候她们的做法看起来并不是最合适的。但是，恰恰是这种不完美，能让我们感觉到她们是真实的，感觉在这些行为的背后，是一个鲜活的、简单的、可以靠近的生命。

在一段关系里，如果你轻视自己，别人也会轻视你；如果

你委屈自己，别人也会让你受委屈；而如果你敢于真实地活出自己，别人也会尊重你的真实，并且会更加喜欢你的真实。

这就是关系的核心：你把自己放在哪里，关系就会在哪里。当你越敢于在关系里展现出自己的真实时，你就越有吸引力。

而许多希望在关系里变得更好、希望用努力做好和付出去获得吸引力的人，恰恰走上了一条完全相反的路。他们努力隐藏起真实的自己因此失去了自己最有吸引力的部分。

所以，从表面看来，是别人觉得你好，你才会有吸引力，而从最内在来看，只有你先敢于把自己的真实呈现在别人面前，别人才会越来越喜欢你，你才会越来越相信自己对别人具有吸引力。

每个人的生命中都有对自己来说最重要的部分，也有你内心无法放弃的部分，正如乔所说的那样：我觉得女人要有思想、有灵魂，她们有抱负、有才华、有美貌，而我讨厌人们说女人只适合去爱。

所以，我们不应该为了追求关系里单一的吸引力，而失去自己，而是需要回过头来看见自己内在的丰富，并跟这些部分去碰撞、确认，直到这些变成我们内心不变的坚持。

一个没有生命的外壳，无论躯壳多么完美，也不具备吸引力；而一个活生生的你自己，无论存在多少问题，都值得被珍惜。当你在亲密关系里，活得越真实，越忠于自己，就越有吸引力！

3. 婚姻的终极意义，在于接纳不完整的自己

我们都知道，婚姻里有一种最常见的僵局，就是伴侣间的相互推诿。

当婚姻出现问题时，妻子会觉得主要责任在于丈夫，丈夫需要先改变。丈夫觉得主要责任在于妻子，妻子需要先改变。

有条件的妻子和丈夫，都想把自己的另一半带去见心理咨询师，希望咨询师能帮自己“修理”好另一半；

条件欠缺的，就拉拢身边的朋友和亲人，借助群众的力量去“修理”另一半。

就拿我的亲爹和亲妈来举例。

我妈用了 30 多年来证明我爸“脾气不好、不负责任”，我爸也用了 30 多年来抗争“你行，你就所有事一个人干完”。然后，我妈还把所有的亲戚都拉进了战队，当然也包括我。

有时候，我不得不感叹，他们真是两个天才级的选手，否则哪一个稍弱一点，这场对擂都撑不到今天。

这样的僵局，必须由两个很“活”的人来共同演绎，一个人负责激起矛盾，另一个人迅速反应到位，几十年如一日，否

则这个僵住的位置就可能松动。

所以，别小看那些烽烟四起的婚姻，只有“棋逢对手”，婚姻才可以在这样的僵局里获得异常的稳固和平衡。

01 婚姻里，不能只看说什么，还要看做了什么

有很多妻子跟我抱怨，当先生指责她做得不够好时，她们会感到委屈或愤怒，心想：你凭什么那么说我啊！

可是你知道她们脑子里是怎么想的吗？

“人家能干的妻子，就是做得比你好啊，既然有人做得到，那还是说明你不够好啊！”

最终，你会看到，有许许多多的妻子，一边抱怨伴侣的无理要求，一边偷偷地努力做到更好。

我爸责怪我妈能干，我妈就要变得更能干。我妈责怪我爸不负责，我爸就要更不负责。

如果我们仅凭语言，就会晕头转向。但是如果再看行动，就可以理解了。

他们都在用实际行动，帮助对方回到过去最胜任的位置：妈妈习惯于更能干(长姐)，爸爸习惯于不用负责(最小的男孩)。

当他们分别往熟悉的方向去努力时，关系就可以情比金坚。

因为妈妈永远都做不到绝对的能干，她会一次次被打趴下，一次次站起来奋勇前行……爸爸也做不到绝对的不负责，他会一次次忍不住要负责，又一次次被逼着不能负责……

这样，他们就分别站在对方定好的规矩里，碰壁、受伤、努力、挫败……像极了当初那个受伤的孩子。

所以，那些童年无法获得养育者认可的人，会在婚姻里找一个不断批判自己的伴侣，让自己有动力持续向儿时没有完成的梦想发起冲锋。

这样被认可的需要有多强烈，婚姻的僵局就会有多持久。

02 婚姻里的僵局，意味着什么

其实，在一段正常的关系里，我的妈妈不需要更能干，我的爸爸也不需要更不负责。

但是他们不敢贸然往前走，那是一个曾经不被允许的地方。就各自留在了自己熟悉的模式里，也促成了对方留在最熟悉的位置。

这就形成了一个婚姻的闭环：口头上，相互推诿，要求对方改变。背后的真相却是，每个人都在用实际行动来支持另一半的不改变。另一半的不改变，反过来又让自己间接受益，不用去成长自己。

当一个人努力去要求另一半改变，表面上期待落空了，实际上恰好如愿以偿，让自己可以留在熟悉的安全模式里。

所以，婚姻里的僵局，实际上是一种自我保护，藏在它后面的，是不愿意被看见和接纳的真实的自己。

这样才有了，一边埋怨指责，一边暗自努力。

如果一个人真的看见自己的缺失，需要对关系负起责任，那么他就离开了这个僵局。

同样，如果一个人可以接纳有缺失的自己，不再暗自努力，他也可以离开这个僵局。

僵局顽固的根基就在于：我们明明感觉到自己的缺失，却不想看见自己的缺失，所以一边嘴上不承认，一边行动上又悄悄地补啊补啊！

从内在看，婚姻里其实没有僵局这回事，也没有所谓的关系矛盾，这只是你跟自己玩烂了的一场游戏，原因是通过这场游戏来避免看见自己。

当你的内心不愿再玩儿这场游戏时，外在的僵局自然就不复存在了。

03 与其努力打破婚姻僵局，不如通过僵局去看见自己

婚姻里存在僵局，是因为伴侣双方过去的不安全经历，相互勾起了对方内心里没有处理好的一个或多个钩子。

从这个角度来看，只要我们看见并收起自己心里的钩子，对方的钩子就会自动收起。

但这说起来容易，做起来难。很多人看起来努力成长，却不知不觉把原有的模式变得更顽固。

比如，当我的爸爸攻击我妈妈的不够能干时，我妈妈努力让自己变得更能干，这看起来是在成长和改变自己，实际上只

是在重复以往的模式。

真正的化解，是我们在理解自己、理解关系之后，尝试或者允许自己用不同的方式去回应。

比如，以前我先生一直说我车技太烂。我也一直中招，要拼命练得更好，想啪啪打他的脸，才过瘾。

我内心的钩子是：你说我不好，我偏要做好给你看。

我跟我先生死扛，是我接受不了一个开不好车的自己。

然而，事实是开好了又怎样呢？开得不好又怎样呢？

比来比去，斗来斗去，我承认了我就是开得没有他好，并且这还不是一时半会儿就能提高的。

也许再过五年、十年，我也不能像他一样开得顺溜，可我存在的意义本来也不是为了拥有可以超越他的炫酷车技（虽然在赌气的那会儿真这么想过）。

我认怂了，接受了我的技术有待提高的事实。只要安全到达我的每一个目的地就好了。这就是我新的处理方式。

可能有的人会说，你先生那么不包容就应该改啊！我不再在意他改不改变，我很享受我不再跟他比车技之后，留出来的更多自在的空间，这可以让我做好多自己喜欢的事情！

这件事情，所引发的雪崩效应彻底改变了我的生活，让我在许多事情、许多人面前，都失去了斗志。但现在我想明白了，不仅在这件事情上，我不再跟他比较了，其他事情我也不再非要争个高下了，我的生活正在变得平静而安稳。

所以，化解内心钩子的意义在于，当你不愿意把自己的精力，花在这些被别人唤起的需要上时，你才可以去做你自己真正想做的事情。

婚姻的僵局，可以把一个人几十年如一日地封印在同一个地方，也可以让一个人向内去打开自己，到达一个更自由宽广的世界。

04 婚姻的终极意义，在于接纳不完整的自己

在婚姻关系里，每个人都想更好地经营自己的婚姻。

因为只有夫妻关系和谐美满，一个人才可以有尊严，可以名正言顺地被爱，甚至可以控制对方……

可是，很多人忘了，我们是因为什么进入婚姻关系的？

因为我们不完整，我们有需要，需要一个男人或女人一起生活，也有情感的需要、经济的需要、繁殖的需要、被照顾的需要，或者性需要，等等。

可为什么进入了婚姻以后，许多人就学会了隐藏自己的需要，好像自己什么都可以拿得起放得下似的。

因为，有太多旧有的模式以及各种评价的眼光在影响着我们，告诉我们：你应该做得更好，你应该兼顾事业和家庭，你应该做一个贤妻良母，你应该既漂亮又有钱……

在各种婚姻观念的影响之下，每一个人都在试图成为更好的自己，努力让自己变得更完整。

其实，这本身就是一个巨大的陷阱。这些幻想，不仅从

现实层面无从实现，而且也跟婚姻本身存在的意义，是背道而驰的。

一个人真正的完整，不是努力做到更好，而是可以接纳自己的不够好。

如果我们用不断地做好，去对抗不完整的现实，我们就会无比受挫，也会对自己的伴侣抱有过高的期待。婚姻就会陷入僵局，动弹不得。

曾经，我也想要做好。

一边委屈不被理解，一边努力成为更好的妻子；一边愤怒于父母不作为，一边努力成为更好的女儿；一边抱怨来访者的过度期待，一边努力成为更好的咨询师。

结果除了我的努力之外，一切都没有变得更好。

更可怕的是，这些努力挤占了我所有的空间，我无比忙碌地原地转圈，止步不前。

后来，我真的累了，想想我在死扛什么呢？我在避开什么呢？我不就是怕别人觉得我做得不够好吗？我不就是怕让别人失望吗？

为什么我不可以坦言：我尽力了，我还是没有做到足够好。

那是因为，我觉得我应该做到足够好，才有存在的价值。

我做了许许多多的努力，去一次次地掩盖真相，不敢承认自己没有变得足够好。

实际上，当我开始面对真相，面对我在某些位置上真的无能为力时，一切开始变得踏实而有力量了。

我才发现，真实就是完整，接纳真实的不完整，才是真正的完整。

如你所见，今天的我，没有活成那个最好的妻子、最好的女儿、最好的母亲和最好的咨询师……

而恰恰是这些不完整，让我活成了一个真实的自己，也允许别人可以真实地活着。这让我可以走进别人的生命里，触摸到关系里的光。

所以，不是婚姻让人失望，而是婚姻让人不可避免地看见了对自己的失望；不是婚姻让人幸福，而是婚姻让人学会了如何让自己更幸福；不是婚姻让一个人变得完整，而是婚姻让人学会了接纳自己的不完整。

归根到底，婚姻只是一个容器，让身在其中的我们，去看见一个真实却不完整的自己，并尽可能做好这样一个有局限的自己！

我时常觉得，我们在为关系的痛苦执着之余，如果可以多一份对自己的看见和坦诚，那么婚姻里的这场修行，就可能打开我们过往的局限，让人生充满更多的可能。

第八章

从孩子的养育中，学习善待自我的缺失

1. 父母对孩子的爱，应该看向更远的未来

一位来访者说，跟父母简直无法交流，只要自己一说真心话，一提到父母有任何不是，父母就会抛出那句：我们这么多年把你养大容易吗？这么多年真是白养你了！

有一部纪录片叫《中国剩女》，也揭露了这样的家庭关系。

一个 28 岁的女孩，在很好的家庭环境中长大，但是母亲极其强势。从小到大，任何事情，只要不按照她的意愿来，她都会大发雷霆。

所以，一直以来，她每日小心翼翼、如履薄冰。她非常渴望有一个自己所爱的人，组成一个自己的家。可是，她找的每一个男朋友，她母亲都看不上，她也很听母亲的话，一个个拒绝了那些交往的对象。

后来，她做了心理咨询，才终于鼓起勇气对母亲说出了藏在心里的那些话：我从小就活在你的掌控下，什么都是你说了算，我没有自己的生活，但是你能不能让我自己挑老公呢？

仅仅是表达自己的想法，母亲就非常生气地说：我供你上最好的幼儿园，供你吃喝长大，你现在还来说我做得不对！

这就是典型的中国式父母，你跟他们对话，却不在一个频道上，你需要的是被看见、被理解，而他们只会告诉你他们曾经对你有多好。

01　如果不念叨着那些过去的好，中国式的父母要怎么活

每每父母念起了对你有多好，就好比唐僧念起了紧箍咒一样。

这是对孩子最强的掌控，父母要让你内疚，让你只记得他们对你的好，即便对你不好，也因为曾经对你好过，你要通通忽略。

那么，为什么这些父母三句话必提“我对你有多好”“我养你有多辛苦”呢？

因为他们有着极低的价值感，于是，对孩子好成了唯一的一层遮羞布，只要孩子过得好，只要孩子听自己的，他们的人生就变得有价值了！

这种父母对孩子的好，并不是设身处地地为你好，而是，对你好只是为了证明他们自己的价值。

因为，他们的人生没有好好地活过，但是他们内心还有强烈的渴望，他们不甘心，才要去占据你的人生，让你来为他们再活一次！

可是，如果你的人生全给了他们，他们仍然会搞砸。而如果你不给他们，他们就会骂你自私、不孝顺。

在低价值的父母那里，他们多么希望占据所有的可能性，儿女的、孙子孙女的，如果还有机会占据更多，他们一定还想要更多，用这些去满足他们扭曲的幻想。

如果一个人没有机会去回头看看自己，并看清自己，就会因为做得越好，越努力，而错得越远。就像这些父母一样，实际上无论他们去控制谁，都无法弥补自己人生没有好好活过的遗憾。

他们唯有回头来面对自己，哀悼那些失去的遗憾，好好学会放手，让孩子的人生由自己安排，这样自己剩下的人生才可以少留遗憾！

02 家庭唯一的希望就是：让每个人回到自己的位置

以前，每每做家庭治疗，都会对家庭之间的爱恨纠缠感触颇多。

看起来，明明是最应该相互理解、支持的一家人，却因为彼此“太相爱”，让每一个人都无法好好地生活。

有努力保护父亲的女儿，觉得父亲一定会遇到坏女人，所以不要任何女性跟父亲建立亲密的关系。

还有非常认真养育孩子的母亲，不让孩子做任何自我尝试，所有的事情都必须由母亲替他完成。

也有为了孩子不离婚的父母，孩子早已经不介意，但是他们却生活得很辛苦，让孩子承受了太多的内疚，以至于不能专心学习。

还有替妈妈恨父亲的孩子，从小看着妈妈受委屈，于是发誓要跟天下所有的男人势不两立。

…………

这些问题的出现，让我们看到家庭之间的错位和纠葛，如果我们太想越过自己的位置去做一些事情，整个家庭就会牵扯其中，导致更多的错位发生。

就像这些自恋型家庭里长大的孩子，因为父母的价值感太低，太想要存在感，所以他们会在孩子面前过度展现自己的权威。孩子必须完全听从父母的指挥，说一不二。

那么，这些孩子，从小就挑起了家庭沉重的担子，他们必须把自己的感受和需求放在一边，然后去努力照顾家庭里每一个人的感受。

然而，尽管他们做了很多，堵住了家庭里那个引发不和谐的大黑洞，可是他们却依然不被看见、不被珍惜，也无法确认自己的感觉，在关系里也很难找到自己的位置。

他们感觉自己很糟糕，实际上并不是他们自己真的很糟糕，而是他们一直填补家庭和谐的方式很糟糕，那本该是父母自己承受的，却让孩子承受了。

在这些错位的家庭里，当你用自己去填补一些位置的时候，会获得短暂的和谐，你会感觉自己就像一个家庭的大功臣，但还是会有一种感觉弥漫着，无论你的工作多么出色，生活多么努力，你都会感觉自己没有价值。

因为，你的存在，其实没有被看见，父母眼里只有他们自己，他们只知道你让他们焦虑了、难过了，却看不见他们对你的伤害。

03 别再让受害者变成加害者，糟糕的代际传承要如何才能停止？

如果我们去深究这些低价值感的父母，就会发现，曾经他们也是家庭扭曲的受害者，值得同情。

可是，因为没有意识、没有觉察，他们最终也变成了一个继续扭曲自己孩子的加害者。

那么，再说到我们自己的位置，其实怎么选择都是一种遗憾：

对于偏执扭曲的父母来说，你要独立，从他们手里夺回自己的人生，可能的确会伤到他们的心。但如果你不这么做，你或许就会跟着葬送自己还有孩子的人生。

所以，就眼前的事实来看，的确很难选择，但是上升到整个人生、家庭以及家族的位置来看，却十分清晰。

不当罪人，就会成为更大的罪人，这是代际传承留给我们的挑战。最糟糕的孝顺，就是拱手把自己的人生交给父母，转身又去孩子的手里争夺自己的人生。

如果你意识到了，你就可以选择：是让父母去看见本该看见的遗憾，还是让自己和孩子的人生一代代接着遗憾下去？

回到我们自己的位置，你的人生价值，其实不在于能不能堵住那个大窟窿。当你看见并明白父母希望你所处的位置时，你仍然可以选择，抛开那些限制，为自己好好地活一次。

如果你真的想报答他们，你就应该更珍惜你自己，坚定自己的信念，把自己先活得好一点，这样他们才会感觉到更有价值。

如果把爱放在更广阔的人生长河里，或许每个人的内心所希望的都是一种无私，就是看到彼此都活出了更好的生活，但是有时候我们却太过关注眼前，因为爱到不能分离，而毁掉了所有的未来。

所以，如果你是孩子，你真的很爱你的父母，你应该做的就是，无论他们有没有对你说抱歉，你都要坚定地去活出你自己；如果你是父母，你真的很爱自己的孩子，无论你多么在意和担心他，都要放手让他远行！

父母和孩子的爱，不应该仅限于此刻的彼此满足，而是应该看向更远的未来！

2. 作为父母，你被孩子挑战到了吗

前天，我带孩子外出玩耍，当时孩子的作业有一半未完成。头一天又只做了一半，等到晚上，他不得不把两天的作业堆到一起来做。

等我回家时，他小心地试探我说："妈妈，我数学园地还没有做呢。"

其实我心里已经很不淡定了，但看到他这么坦诚，我只得耐着性子说："没关系，那你好好做。"

到了晚上九点半，也就是我们每天读故事的时间，他作业还没有做完。我去看他的时候，他却在玩卡片。

因为他的作业没做完，我就无法检查作业，所以心里总觉得还有个事情没有放下。同时，又不想打破每天读故事的习惯。但因为早起，我已经很疲倦了，很希望做完这些事情早点休息。

可是，他却一点也不着急。我不得不给他施加压力："你还在玩儿，不看看现在几点了？"

他说："我的字马上就写完了啊！"

我心里很无语，好在他又继续做了。等到十点多，他做完

了我们也改好了作业，我说我太累了，要去睡觉了，他却说：你说过的，每天要读故事，不能放弃！

看我的确很疲惫的样子，他又补充道："你可以在旁边躺着，或者一会儿读完我给你踩踩背，让你舒服舒服！"

拗不过他的坚持，我只得陪他读完故事。他有点不好意思地说："我明天要做完作业才出去玩。"

我心里想：你终于良心发现了，这样做作业对妈妈来说太煎熬了！

好在我先生已经把二宝搞定了，我终于可以安心休息了。

回想孩子作业完成的过程，我能感觉到自己心里像绷紧了一根弦，等他真正完成了，我才松了一口气。而反观他却全程都很放松，学学又玩玩，作业完成的质量也不错。

把孩子的表现和我的经历联系起来，我发现，我的父母总是比我更焦虑，而我常常能比他们更冷静地面对问题，如今我的孩子又比我更加冷静，这不得不说是一种进步。

我也意识到自己为什么这么紧绷，是我真的太累了，所以太希望他能像个成人一样一本正经地学习，然而他所表现的也仅仅只是一个孩子该有的样子啊！

01　父母逼着我们坚持自我，而孩子却会逼着我们放下自我

很多人跟我谈到养育孩子的无力感时，他们会好奇地问我："作为咨询师，你应该不会有这个问题吧？"

实际上，在亲子养育过程中，每个人都无法回避孩子的需要和自己的需要之间的冲突。

就像在前面的例子中，我的孩子需要的是：我在他作业没有完成的时候，仍然可以好好地接纳他、包容他。

而我的需要是：作为妈妈我也很辛苦，你能不能也稍微懂事一点，照顾一下我的感受啊！

或许会有那么一瞬间，我感觉我没有被理解，我的孩子太不懂事了，太没有自觉性了，他这么做就是在挑战我。

然而，当我稍微停一停时，我意识到他也有需要。在我们两个人都需要被理解的时候，我是他的妈妈，自然是我要先去理解他。

当我站在妈妈的位置上时，我就明白了，他不是在挑战我，他只是在照顾他自己的需要，只是他在照顾自己需要的过程里，无法照顾到我的需要，于是我生气了。

我需要先照顾好他的需要，再回过头来照顾自己的需要。即便我自己的需要没有被满足，我也理解自己为什么要这么做。

实际上，当我照顾他的需要时，他并非没有感觉，他其实也在试图理解我的感受，所以他决定第二天要把作业做完才出去玩。

当一个孩子充分地被理解时，他会从自己情绪化的反应中平静下来，并逐步建立起理解他人的能力。

然而，这恰恰是作为父母最不容易的地方。

在很多人的成长经历中，其实并没有被自己的父母充分理解过。我们的自我还没有被好好地稳固和夯实，就需要去扛起理解孩子的责任，这显然会特别艰难。

在父母那里，我们需要去坚持自己、确认自己，需要被看见、被理解，形成一个坚实的自我。

然而到了孩子那里，孩子时刻都有可能把我们的自我打散，我们要抑制住这种冲击，完成自我安抚和稳定，然后再去容纳和理解孩子！

02　每一个勇敢面对养育问题的父母，都是被逼上梁山的英雄

如果在养育孩子的过程中，没有经历过矛盾和挫败，那估计是我们当了一个假父母。

记得二宝一岁时，我需要参加一个连续培训的最后两个阶段，如果错过了又得三年重新来过。如果要去，我将会离开他 5 天，这对于还没断奶的他来说，真是一件残忍的事。

我为此纠结了半年，想了各种办法，甚至好几次想过放弃，但是在培训前的十几天，我做出了决定，我需要去。

我跟先生说："不去，是为他好。可是，如果为了他，错过了一个我很想要的机会，我可能会怨他一辈子，我不希望由他来承担这么重的东西，所以我宁愿自己来承受。"

直到现在，想起那次离开他的经历，我仍然会感到心痛，但是我很明白，我为什么要做那样的选择，我需要去承受自己的选择所带来的内疚，而不是让我的孩子去承担这些。

每一位父母时常都要面临这样的选择，是为了孩子考虑，还是为自己考虑，是先理解照顾自己，还是先理解照顾孩子。

在这些经历中，我有过为了自己的坚持，也有过为了孩子的后退，我的确无法确定在某一刻哪一个选择是完美的，但是我可以很清楚地知道：如果我不做什么，将会很后悔。

所以，选择的核心就在于，当我们做出某种选择时，我们是不是问心无愧的，我们有没有附加额外的希望去期待获得回报。

记得有一次吃饭，孩子因为我不给他买一个玩具而顶嘴，威胁我说不买就不做作业，他的倔强和威胁，让我很生气。

我去阳台上拿来衣架要打他，他仍然坚持："我就是不做作业，又怎样！"我真的很想打他，可是却把手放了下来，他还在那里说："我就是不做，就不做！"

我气得想蹬脚，真的很无力。在跟孩子的这一场较量中，我不得不承认，我输了，是因为我对他的情感。

转过头，我眼睛就有些红了，跟他说："你知道吗？妈妈真的舍不得打你！可是我真的不知道该怎样对你才好。"

看到我松懈下来，他的眼睛也红了，很快眼泪就滚了下来，原来他也是一直在硬撑着，或许他心里也很没底，也很害怕我真的会打他。

我抱了抱他，没有再提作业的事。可是，等吃过饭，他自己就写作业去了。

我一直觉得，无论看起来多么糟糕的孩子，在他们的心里其实都有自己的一杆秤，他们很清楚什么事该做，什么事不该做，只是他们很需要被理解。

如果不被理解，他们就会放大自己的破坏性来跟我们叫板，希望以此来被我们看见和接纳；如果被理解了，他们的自我控制能力就会恢复，然后可以把精力花在重要的地方。

而我们作为父母，一定会被孩子挑战，那其实是他们在呼唤被理解，而不是故意让我们为难。如果我们能修复自己过往的伤痛，站在一个真实的、充满情感的位置上去回应他，他们也必然更能体谅我们的艰难。

从一个人心理发展的过程来看，每一个父母存在的位置，都是用来被打败的。然而允许被打败的前提，是我们要先发展出一个独立的人格，不因他人的不接受而否定自己。

或许，从我们做父母的第一天起，就要意识到，如果你希望孩子将来拥有一个独立的人格，那么他迟早会挑战你、挫败你、超越你甚至嫌弃你，但这并不是你养育的失败，而是你的孩子要长大了！

3. 一个会爱自己的妈妈，对孩子究竟有多重要

每次坐上飞机，都会看到一个安全提示：如果飞行中发生突发状况，家长要先为自己戴上氧气面罩，然后才是孩子。

这么做的原因很简单，只有家长先保障好自己安全，才有可能照顾到未成年的孩子。

然而，这跟现实生活中看到的养育状况刚好相反，许多妈妈恰恰是在不断忽略自己的情况下，拼命想把孩子照顾好。

为什么我要特别强调是妈妈？因为在传递更细腻的爱上，父母的分工会往妈妈的位置倾斜，妈妈对孩子的影响非常深远。

我过去做青少年个案咨询时，有一些妈妈每周都要花时间陪孩子来咨询，却在咨询室门前止步、坐立不安，咨询后又一脸焦虑地望着咨询师，希望从咨询师那里获得只言片语来理解孩子。

看着妈妈们疲惫、憔悴和焦虑不安的神情，以及稍微多一点关心就会噙满泪水的双眼，我心里是多么希望她们能多爱自己一点啊！

但是，很无奈，常常因为不幸福的情感和婚姻，独自扛着

巨大的经济压力，以及孩子身上频频出现的身心问题，在生活的围追堵截下，绝望的妈妈们只能尽自己最大的努力，试图把孩子推出自己身处的泥潭。

这么做的初衷令人感动，但结果往往是另一场悲剧的开始。

每个人渴望的爱其实都很简单，是一种非常柔软的理解和共情。那些用加倍的辛苦和努力去给予爱的人，却因为太用力，给不出真正的爱。

她们不知道，之所以那么辛苦又那么无力，还让自己一再陷入困境，竟然是因为：她们不会爱自己。

01 没有对自己的爱，就不会有对孩子的爱

我经常听到很多妈妈讲：我的经历已经够糟了，我一定不能让我的孩子重复我的老路！

越是经历过成长伤痛的妈妈，就越有强烈的决心想把孩子养好。但要如何才能不走老路呢？

她们选择的第一条路常常就是，四处寻找正确的养育方式。书上说接纳就接纳，别人说给自由就给自由，文章上说要怎么做好就尽力做好。

如果第一条路效果不好了，她们就可能选择第二条路：疏远孩子。既然养不好，就让自己离孩子远一点，把对孩子的影响降到最低。

这两条路，看似都是想为孩子好，却并没有真的去理解孩

子作为一个人会有怎样的感受。

养育孩子是一件极其需要自我感觉参与的事情，只有感觉参与了，你体会过在同样的处境里该如何对待自己，才能在孩子遇到问题时做出一个父母该有的回应。

养育过程中最常见的过度焦虑和情绪失控，都来自这些父母不知道要如何对待自己，也就是不知道该如何爱自己，所以面对自己曾经经历过但未解决的困难时，依然还会手足无措。

每个妈妈都想更好地爱自己的孩子，可是爱这件事情却没有捷径可走。如果我们绕开自己的经历，避开自己的感觉，就相当于丢掉了所有可以利用的有效资源。

正如那些每周陪伴孩子到咨询室的妈妈，她们不明白让孩子好起来的最有力方式，是通过妈妈自身的成长，也就是让妈妈自己的感觉变好一点，在关系里能活得更自在一点。

在一个家庭系统里，妈妈懂得了更好地爱自己，比如知道如何排解自己的情绪，如何更好地照顾自己的感受，如何清楚地表达自己的需要，如何在关系里被爱和被滋养，那么孩子也会习得妈妈的这些特点，知道如何去爱自己，无论在身体上或者在心理上，才不会有大问题。

不会有对任何一个人的爱，超过你对自己的爱。你对自己爱的程度，就是你所能给到别人爱的极限。如果妈妈不够爱自己，那么无论妈妈如何用力，孩子也很难从妈妈这里获得被爱的体验。

一个会爱自己的妈妈，会很自然地去爱自己的孩子，这是在感觉里经验迁移的结果。

如果缺少了这样的经验，我们就得先从自己的经验里去感受，去还原自己的感觉，直到我们可以更好地理解和接纳自己，可以把自己当成一个有血有肉的人看待，然后我们才能在自己眼中真正看见孩子。

02 先尽可能满足自己，再满足孩子

说完了不会爱，我们再来说一个很容易上瘾的养育套路：自我牺牲。

牺牲自己成全孩子，化作春泥更护花，这听起来特别伟大。

这其实也是那些对做母亲角色很无力的人，在潜意识里最常选择的路线。

因为担心自己不能胜任母亲的身份，所以会找一个辛苦可怜的模范外壳，把自己装进去，让孩子不得不体谅妈妈的辛劳和不易。

而真正对做母亲很自信的妈妈，是不需要这么做的，因为她不需要穿上这么辛苦的外衣，也能确定自己是个好母亲。

自我牺牲，实际上是一种控制，控制着孩子不得不去认同一个还没有能力做母亲的母亲。

有很多打着“为孩子好”的旗号的母亲，想得很简单，她们觉得：只要孩子好就行了，有苦有累有委屈就自己承担。

谁都知道，母亲在家庭里，就像一艘安稳的大船，如果船

不断进水，并且随时有可能沉没，坐在船上的孩子怎么可能相安无事呢？

一个母亲在家庭里所能感觉到的幸福程度，可能是一个未成年孩子在家庭里所感觉到的幸福的极限。

不要觉得所有的苦都可以妈妈一个人扛，其实在一个家庭里，有声和无声的痛苦，孩子都在跟妈妈一起扛。一声叹息，一次不耐烦，一次无助的崩溃，对孩子来说，都无异于一次地动山摇。

如果妈妈为了照顾孩子，为了给孩子更多的满足，承受了巨大的精神压力和身体疲惫，当这些痛苦超越了妈妈可以承载的极限时，这种好就会变成最锋利的攻击，直戳孩子的心窝。

“都是因为你，都是因为你，都是因为你，我才变成今天这个样子……”这就是自我牺牲型母亲最常说的话。

如果一位母亲本身没有被好好爱过，也不会好好地照顾自己，那么对于她来说学会如何更好地照顾孩子，无异于是一场灾难。

每一个妈妈在养育问题上感到无力时，都更需要从自己身上寻找经验，先尝试给自己松松绑，懂得了如何给自己开辟一个成长的空间，才能明白如何更好地支持孩子成长。

03 爱的言说太重要，但很多人都忽略了它

我的一位来访者，孩子被外婆语言攻击了，孩子很难过，

不停地扇自己巴掌。这位妈妈走过去，拉住孩子的手说：“你是不是很难过？”

孩子慢慢地平静了下来，后来去跟同学说：“我有一个全世界最好的妈妈。”

我想在那个时刻，妈妈给孩子留下的“被看见”的体验，在孩子心里的重要程度，甚至可以超越其他之前做过的所有事情。

经常有妈妈很焦虑地讲：“孩子的童年无法重来，所以要争分夺秒，只怕自己做得不够好。”

这恰恰是问题的所在。当爱变成了只有行动，而没有感觉和言说的空间，做多少的努力都是不够的。

其实每一个孩子对爱的需求，真的不会把妈妈搞得非常狼狈，每个妈妈也不需要为了爱孩子而去做太多的自我牺牲。如果爱得很吃力，总觉得做得不够多，这常常是因为爱无法好好地言说。

在爱孩子这件事上，从来就没有来不及这回事，只是妈妈的自我成长和孩子的成长往往是同步的。

当妈妈可以站在自己感觉的位置上去理解和接纳自己时，也就能够更好地从情感的位置上去支持孩子，表达对孩子的爱。

4. 养好孩子，并不是一种理所当然的事情

前段时间，“鸡娃”一词，随着北京大学徐凯文教授的演讲《你们用焦虑养出来的娃，最后都送到我这里了》爆红了。鸡娃，所代表的含义是：用过度的焦虑养出来的娃。

随后，有的声音开始指责父母，也有的父母开始反思自己，这个现象能引发关注是件好事，可是不知道大家有没有想过：养育中巨大的焦虑从何而来？面对孩子，如今的父母为何变得越来越焦虑？父母们总是千方百计要养好孩子，而为何孩子却变得越来越难养了？

01 养育中的无声压力，让家长们越来越焦虑

上学期期末考试，我儿子的一个小伙伴据说只考了60多分，知道成绩的那几天，看到那个孩子的家长时，他们都低着头，好像觉得：孩子考差了，自己也没脸见人一样。

都过了近一个月，在小区里听大家说起那个家长时，都还在议论他们说：“孩子成绩不好，是因为家长没管好孩子！”

后来有一次，孩子们出去旅行，我儿子在他伙伴的房间里跟大家抢烧烤吃，我看到视频时很生气，心想：这个孩子，怎么可以这么没礼貌？

他回来后，我就很严肃地批评了他。后来，我想，我为什么这么生气？或许，他们太开心了，玩闹也是可以的，而我很在意的是他的没有礼貌，是因为我很怕别人看到他的这个样子，会觉得我没有教育好他。

原来，我其实更在意的是：孩子这么做，别人会怎么看我。如果我没有去觉察，有可能我真的以为我是在教他懂礼貌。

不知道从什么时候起，养育孩子变成了大家心目中极其重要的事情，养育效果也变成了一个衡量家长称不称职的黄金标准。

在养育这座充满鄙视链的金字塔结构里，学习习惯好不好，行为习惯好不好，身体长得好不好，懂不懂礼貌，合不合群，都可以成为一个家长在别人眼里看起来好一点或者差一点的依据。

于是，如果不想处于鄙视链的底端，每一个家长就只得带着自己的孩子努力往上爬。

然而我们却忽略了，当我们处在这个结构里时，无论哪一个位置都会面临着比原来更大的压力。因为，这时养育的目的将不再是为了孩子，而是为了家长的自我证明。

在这样的结构里，有一种隐形预设：好像养好孩子，是一件理所当然的事情；若孩子的成长遇到任何问题，就是家长没有做好。

可实际上，很多家长都在尽自己的最大努力养育孩子，但依然无法避开自己的局限和孩子的差异。

02 坦然承认养育中的挑战，才有更大的空间面对困难

曾经有一些存在养育焦虑的来访者咨询，他们大多有一种强烈的感觉：羞耻感。

当他们遇到养育问题求助于朋友和亲人时，大多数人会告诉他们：你可以怎么做啊？你应该管得更紧啊？你可以多跟老师沟通……

与如何去解决这些养育问题相比，他们首先会被这些建议中的一种眼光伤害，就是：我都可以做到，你为什么不可以做到？

最终，他们会觉得自己很差劲，遇到问题也会默默承受，暗地里使劲努力，好让自己早日摆脱别人眼里“不称职”的印象。

家长们越想努力，越容易下狠劲，就变成了一种弥漫在孩子周围的焦虑感，让孩子变成了“鸡娃”。这些不惜一切努力也要养好孩子的焦虑，是怎么来的呢？

是从整个社会的眼光中来的，是家长不知不觉认同了周围人的投射，最后剩下的才是养育孩子的初衷。

如果说没有自我的孩子是被家长“鸡”出来的，那么家长就是被社会的眼光“鸡”出来的。那么，我们要如何才能打破这种闭环的不良模式，给整个养育系统带来多一些的希望呢？

我想，或许我们可以多看见养育中的共同挑战，而不是宣扬某种固定的养育成功范例。

家长们的初衷都是希望孩子变得更好，但大家承受着理所应当把孩子养好的压力，胜过养育本身所带来的压力。其实，面对养育问题，每一个家长都在面对挑战，但是很多人试图用努力来忽视挑战本身。

忽视之后，其实所有人都被放置于有压力却不能觉得有压力的状态，就相当于无声地承受了更大的心理压力。

当家长们有空间去谈论这些压力，可以获得更多的理解，而不是被指责和看低时，才有空间来包容自己，也才会有更大的空间去容受一个孩子在成长经历中可能会遇上的挫败。

同样，作为面临巨大养育压力的家长，无论是否被他人理解，我们首先需要做的是，给予自己更多的理解和支持，坦然承认养育过程中遇到的挑战比埋头苦干地赶鸭子上架，更轻松更有效。

03 重要的不是结果，而是珍惜与孩子共同成长的过程

我曾经写过一篇文章，题目是《养育孩子，就是在跟自己的短板过招》，作为父母无论怎样优秀，都会有自己的短板，所以不出意料，在养育的过程中，也一定会遇到挑战。

如果我们把这种挑战视为正常现象，当问题出现的时候，我们就不会惊慌失措，不会被过度的焦虑淹没。哪怕自己一时没有做好，也可以不用那么内疚和自责。

所以，不要把养好孩子想得太容易，这样我们承受的压力就会小一些；但也不要把养育孩子想得太难，养育孩子的过程

也是自己成长的过程。

很多父母不想把时间花在帮助孩子解决问题上，觉得会占用自己太多的时间；也有的父母觉得自己还有很多问题要解决，根本无力去帮助孩子。

实际上，孩子的问题和家长要面对的问题有很大的共通性。每一位父母，都可以从孩子身上，看到自己曾经的影子，也可以从自己如今的无力里，折射出孩子无助的地方。

要解决养育中的问题，想要给予孩子更多的理解和帮助，往往需要我们对自己有更多的理解和觉察。

同样，要解决自己的某些问题，也可以从养育中去思考、去觉察，因为这很有可能在告诉我们一个惊天的秘密：当你是个孩子的时候，你是如何被对待的？你又是如何长成今天的样子的？

如果你不急着要成果，那么你就多了一次了解人生真相的机会。并且如今你不再是一个人，你可以跟你的孩子携手同行。

养育的问题和自我成长的问题，其实没有那么容易被分得很清楚。帮助孩子，也就是在帮助自己；帮助自己，也相当于在更好地帮助孩子。

希望更多的家长，可以坦然面对自己的养育困境，不再觉得把孩子养好是一种理所当然。

也希望更多的人，可以从养育孩子中更多地看见自己、悦纳自己，像养育孩子一样去温柔善待成长过程中自身的缺失！

5. 最好的养育，就是跟孩子一同成长

我们都知道，养育不当有两个极端：太严厉或者太溺爱。

但是，这两个极端所带来的伤害，远没有另一种伤害大，那就是总担心孩子受到伤害。

这时候，你总觉得怎么做都不对，常常不知道该怎样对待孩子：严厉的时候，怕伤到孩子；爱的时候，也不敢好好爱。

面对现实，每天又有无数养育的问题要去处理，所以总得咬紧牙关、硬着头皮，又或者一拖再拖，却时常对这样的自己感到很不满意，而又无能为力。

从内心来说，几乎每个人都希望自己能成为一个好妈妈或者好爸爸，但为何成为好妈妈、好爸爸这么难呢？我们又该如何做一个对孩子成长有帮助的好爸爸好妈妈呢？

01　为什么成不了一个好妈妈或者好爸爸

（1）所有养育不能的背后，都有一个虚弱的自己

曾经看到一个活生生的例子，一个孩子和一个妈妈路过街

边商店，孩子想让妈妈买一个玩具给自己，妈妈却瞬间失控，对孩子又打又骂，这吸引了很多路人的围观。

打完之后，孩子坐在地上委屈地哭，妈妈也蹲在一旁哭。这时候，我觉得他们俩特别亲近，像是两个同病相怜的孩子，同样都找不到一个自己的家。

玩具本身绝对不会带来这么大的情绪波动，我们猜想，妈妈可能是因为成长经历中的某些创伤，才无法面对孩子提出的简单要求。

像这位妈妈一样，我们每个人都可能存在某个创伤，以至于无法面对正常养育孩子的过程，这是因为在妈妈和爸爸的身份角色下，我们有一部分其实还是孩子。

在亲子关系中，当孩子无意识触及我们还没有发展得足够好的那个部分时，我们就可能变得粗暴、情绪激动或者崩溃。

（2）太想做好父母了

我经常听到很多父母说："我不希望我的孩子再走上我的路。"

这个期望本身没有问题，但越是经常把这句话挂在嘴边的人，就越难真正去做好一个父母。

这是为什么呢？因为他们太想要做好了！

这就相当于经历了一个反向形成的过程，当父母感受到自己的虚弱，却不承认自己的虚弱时，他就会用极其强大有力的方式去为孩子付出，但这往往已经超出了自己所能承受的极限，最终又会把难以自控的愤怒情绪倒向孩子。

所以，越是希望孩子好，越是努力付出的完美父母，就越有可能去恨自己的孩子。这不是因为孩子本身有多差劲，而是他们太想做好父母了。

这就好比，一个人的消化功能本来就不好，还要拼命去大补特补，这不仅没用，还会让本来就脆弱的消化系统不堪重负。

相反，真正的好父母，不是仅仅做到了自己想象中的完美，而且能接受这两点：第一，自己也可能有很虚弱的一部分；第二，自己有可能做不成好父母。

02 孩子的成长不可逆，那我如何才能快一点

如今，很多家长在养育孩子的问题上面临着巨大的压力。

孩子养不好，面对社会和旁人的眼光，父母会很焦急，也会很羞愧。

这导致很多父母用尽一切办法，希望孩子赶快变好，尽管初心是好的，结果却不尽如人意。

俗话说：欲速则不达。无论是自己成长，还是孩子成长，拔苗助长，都不会真正让苗长高。

没有人天生就适合做父母，每个父母都是有缺失的，这不可避免。如果我们接受了自己的缺失，接受了自己的局限，我们就有了成长的空间，当我们的注意力从孩子身上撤离一部分时，孩子也相应有自己成长的空间。

曾经，有一位个案中的母亲跟我说，她做了一年的咨询，

终于承认自己在心理上跟一个三岁的孩子差不多。这让她感觉很羞耻，但是内心却格外踏实，因为她感觉自己有路可走了。

这位母亲过去的处境，其实跟很多想要急于帮助孩子的家长一样，一方面努力想走得快一点，另一方面却不承认自己走不动的现实。

这时候，我们就会去做很多无效的努力来安慰自己，然而这对于孩子和自己都没有帮助。

所以，与其着急赶路，不如慢下来看看自己。如果我们能看到自己的局限，意识到有一些需要认真面对的问题，我们的内心才会具备力量去成长。

当家长具备这样的力量时，孩子就会从家长这里获得一种稳定的依托，孩子自然就会更好地去发展自己。

对于心理咨询师来说，自我关怀能力是核心胜任力的一大要素，对于养育孩子的父母也不例外。

只有父母体会到自己养育孩子的不易，真正懂得去关照自己，允许自己有不完美出现时，才不会被“快点”的催促声压垮掉，最终才能成为合格的父母。

所以，对于那些焦急的父母来说，自己过去的成长资源越是有限，就越要对自己温柔一点，只有先对自己的成长负责，我们和孩子的人生才会更自由。

03 最好的亲子养育，就是跟孩子一同成长

很多存在亲子养育问题的父母，他们会很喜欢问："当孩子出现这样的情况时，我要怎么做才是对的？"

我会跟她们说："你可以去体会自己在那样的处境下，能感受到的是什么？"

这就是养育的根基，它不在于怎么做是对的，而在于你在跟孩子的相处中体会到了什么，这些感觉在你的经历中很可能出现过。

只有当你能体会到自己的感觉，你才能同样体会到孩子的感觉。一个人越是有着丰富的自我体验，就越能够去理解孩子的感觉，并且可以更稳定地去面对孩子。

当然，不是每一个父母一开始都能自然而然地做好，父母接受自己也需要一个痛苦、感受、思考、提高的过程，只有当你自己用心去经历过，这才会变成你理解孩子的一个通道，否则你就会感觉怎么做都不对。

幸运的是，孩子总是给我们很多机会去犯错和成长。

所以，好的亲子教育，是一场共赢。

如果父母持一种开放的心态，那么孩子的每一个成长难题，汇聚到我们这里来，都会成为自己成长的契机。最终，孩子成长了，咱们父母也成长了。

昨天，我跟孩子一起上一堂公开课，孩子非常兴奋，并且在课堂上踊跃发言。轮到老师让家长提问时，孩子就让我赶快

举手。

大家都看着，我被催得很尴尬，不得不举手，逼着迅速想到一个问题去问。结果，孩子非常开心。

我心想当个妈可真难啊，还真不知道什么时候就会被孩子逼着要去突破一下极限！

我想到他上幼儿园时，有一次班里要选一些家长跳舞，我没有主动报名，后来名额满了，我的孩子对我失望了好久。

这让我体会到，父母希望孩子具备的特质，孩子也未尝不希望父母同样具备。所以，面对一个充满无限可能的孩子，父母哪里还有什么完美可言？

或许，对于孩子来说，恰恰最不需要的就是一个完美的父母，而是更需要一个能看见自己不完美的父母。

当父母能够坦然地面对自己的不完美时，才会懂得如何接纳孩子的不完美。当父母把不完美当成一个成长的机会时，孩子最终也会从父母那里学到接纳和发展自己的弱点。

第九章

自我关爱，是女性一生的力量源泉

1. 主动参与人生的选择，是女性自我觉醒的标志

有位女性读者留言说：情绪总是时好时坏，好像什么都不重要，只有他最重要。尽管凡事替他考虑、以他为中心，他却从来不觉得我重要。一直努力做好，想得到对方的尊重和认可，却越努力越失望，感到很无力。

从留言中可以看出，这段关系对她来说很重要，她一直竭尽全力去证明自己，然而这个评估体制好像失灵了一样，她不仅没有被认可，反而在对方眼里好像一文不值。

到底是哪里出了错？难道做好不能等于被认可吗？

我把这种通过努力做到别人要求的样子，来求得认可和尊重的模式，称作被动生活模式。

01 被动生活模式：只要我做好了，别人就会认可我

有部印度电影叫《炙热》，写了三个底层女人的被动人生。其中有一个让我印象深刻的女人叫拉荞。

她有一个酒鬼丈夫，每次晚上喝醉酒回家，就对她拳打脚踢，

向她发泄的理由是她不能怀孕。

拉莽一直觉得自己有问题，想知道如何才能让自己怀孕。

我原以为，她是为了满足丈夫的需要才要怀孕，她却说："我很喜欢孩子，我不想被命运打倒，要是能生孩子我就要生一个。"

最终，在好朋友的建议下，拉莽找到别的男人怀了孕。在得知自己怀孕的消息后，她喜极而泣。

然而，当她把这个消息告诉一直羞辱她不能怀孕的丈夫时，她还是没能躲过丈夫的一顿毒打。只不过这一次的理由变了："你怀的不可能是我的孩子。"

原来她丈夫一直都知道自己不能生育，却把所有的过错推给拉莽。

电影还有一个极其令人震撼的开头，一个姑娘在夫家被丈夫的兄弟和公公强暴，回到娘家躲避，却被村里的长老要求强行送回夫家。

姑娘在被带走前跟母亲求救："他们会杀了我的，不要再把我送回地狱里去了！"母亲却一脸木然。

从这些故事中我们可以看到，在这些极度扭曲的愚昧评价标准里，这些女人很难逃过一种任人摆布的悲惨命运。

没做好，不被尊重和认可；做好了，依然不被尊重和认可。如果顺从这些标准，这些标准永远都不会尊重和认可女性的价值。

虽然这样极端、丧失人权的现象，在我们的生活里很难看到，但是，类似的扭曲评价标准，却随处可见。

我曾经也遇到过这样不合理的评价标准。

在我跟我先生谈恋爱的头两年，我公公是很有优越感的，他会在我面前讲，谁谁谁的女朋友有体制内的工作，以及我先生过节又发了多少钱。

当时的我还是一个小公司职员，各方面都比较一般，虽然我心里觉得不舒服，但也无力反驳。

后来，随着我工作的一步步发展，这样的话就再也没听我公公讲过。

再后来，因为我工作很忙，有时候会疏于照顾孩子，有次我婆婆向我公公吹了耳边风，公公就在我面前讲，一定要把孩子带好。

我很愤怒，对于工作和家庭，公公帮不上我什么忙，却还对我的生活指手画脚。在照顾孩子方面，明明我先生付出得更少，但他们却不去要求他，反而苛责我。

这显然是不合理的要求，但这就是现实。

作为一名女性，当你事业发展不够好的时候，别人会觉得你应该更上进。然而，当你已经很上进时，别人又会指责你对家庭的付出不够多。

然后，当你付出足够多，为了家庭牺牲自己时，别人又可能会质疑你怎么太没有自我。

…………

这样的要求，一个接一个，当你做好其中一个，另一个紧接着又来了，永远没有终点。

如果我们努力让自己迎合那些可能随时变化的标准，就会跟印度的那些底层女性一样，永远无法获得别人真正的尊重和认可。

所以，要在别人设计的评价体系里，获得尊重和认可，只能是一种奢望。

如果别人说你应该做什么，你就去做什么，这些外人不断强加给你的标准，不仅让你感到挫败，也会让你对自己越来越没有信心，还会把你变成别人欲望的奴隶，显得你越来越没有存在的价值。

02 想要被认可和尊重，先要把丢失的自己找回来

在我跟公公发生过两三次直接冲突之后，他彻底改变了。他开始凡事征求我的意见，说话会更维护我，我们每次回家都会给我提前准备好我喜欢吃的零食。

从根本上来说，我获得了他的尊重和认可，不是因为我满足了他的要求，而是因为我推翻了他的评价体系。

而我敢于推翻他的评价体系，是因为我有自己清晰的评价体系，我知道自己在做什么，以及想要什么。

若我一开始就只想让他认可我，那么估计我做得再好，也只会被他看作是理所当然，可能连最基本的尊重都不会获得。

实际上，即便我公公曾经令我对他有一些意见，我并不觉得他是一个多么坏的人，相反我觉得他人其实很好。

可为什么他人很好，却仍然对我有不合理的要求呢?

这更像是人性使然:

·当别人以为你没有评价自己的标准时，就会不经意间把他的标准强加给你，无论这些标准是否适合你。

·当你有了清晰的自我评价标准时，别人的标准才会后退，这时，他人开始承认并尊重你的标准。

·如果你真的希望自己随意一点，不需要有自己不同的评价标准，那么在任何关系里，你都会被别人的评价标准限制。

所以，如果我们对自己的人生没有省思，面对自己的人生选择无动于衷，只等着别人来主动看见自己的需要，帮助自己完成很好的自我实现，这几乎是不可能的。

很多时候，女性往往更容易陷入自责的陷阱，每当别人认为自己没有做对做好时，就觉得自己太糟糕了，让别人失望了，太不应该了。

可是，如果你想要建立起自己的评价体系，那么你一定是跟别人不同的，也一定是会让别人失望的。

如果你想让任何人都不失望，你就只能让自己去满足无数扭曲的标准，这对你自己的人生来说就太随意了。

没有人可以随意对待一个认真的女人，但是所有人都会更随意地对待一个随意的女人。

当你的人生里，有更多自己的想法和判断、有更多不被他人动摇的人生追求时，你在别人的眼里，才会成为一个值得被尊重的人，而不是一个必须依附于他人而生的低等生物。

有了尊重之后，无须顾及别人的评价体系，你才能更加专注，在自己的评价体系里做得越来越好，你才会获得真正的被认可。

所以，在任何关系里，想要获得尊重和认可的前提是：无论别人如何定义你，最重要的都是你得有自己的想法和判断，你有对于自己来说很重要的事情。

03 主动参与自己的人生，是女性自我觉醒的开始

我经常听到很多女性抱怨，我工作很糟糕，我老公很糟糕，我孩子很糟糕。工作是因为老板专制，老公是因为能力不行，孩子是因为不听话。

乍一听好像都成立，但是慢慢体会，就好像这些事情都跟自己没关系，就好像自己不存在一样。

显然她们是存在的，只是在生活中，她们更习惯把自己当成了一个透明人。

仿佛老板、老公、孩子，甚至身边的任何人，都可以是高于自己的那一个人，而自己只有抱怨没有选择。

但所有这些抱怨的事情，其实都有她们自己的参与，只不过是闭着眼睛被动参与。

甚至，有的女性一直习惯了被动模式，一直抱怨自己生活的无能为力，却从来没有想过可以主动参与到自己人生的选择之中，主动决定什么对自己来说是重要的，什么对自己来说不

重要。

最近热播的电影《夺冠》的主角郎平，她的人生中有三次非常重要的主动选择：

· 第一次，是因伤退役，她果断放下自己积累起来的光环，出国留学。

· 第二次，是放弃国外的优厚待遇，回国执教，不惜与丈夫离婚。

· 第三次，是在女儿最需要她的时候，辞去国家队主教练，陪女儿考上斯坦福大学。

我们不难想象，如果她不主动参与自己的人生选择，随着生活的浮浮沉沉，可能几个浪头打来人就不见了踪影，更不可能有今天的郎平和女排。

恰是因为，她越是主动为自己的人生做选择，就越能通过一砖一瓦的努力，建起一座自己想要的人生殿堂。

主动参与的人生，很少让人后悔，路越走越宽。被动选择的人生，反而越走越受限。

所以，对于每一个想要有独立自我的女性来说，没有什么比你活出自己更重要。你越清楚自己，你就越能主动选择，越能远离被动的人生局面。

当一部分女性还在埋怨生活的不公平，苦等着他人的理解和尊重时，一部分女性已经从无比残酷的现实中觉醒：

如果你不主动定义自己的人生，就会有许多人来错误地定义你。

如果你不主动安排自己的生活，就会有许多不必要的事情来优先占据你。

如果你不主动参与自己的人生选择，你的人生就会变得越来越没有选择。

每一次的忽略自己，每一次对自己的生活和人生选择的不在意，最终都会转变成更多的无力或者迫不得已。

唯有离开被动的生活模式，主动参与自己的人生，才有可能活出自己的生命意义，获得他人真正的尊重和认可。

2. 发展自我独立的能力，人生才会更加自由

女人要独立，这是一个深入人心的口号。

然而，面对这个口号，却有太多的误解和怀疑，甚至很多女性不明白：为何我已经很独立了，生活还是很糟糕？

独立，给她们带来的不是自由，而是内心更多的委屈。如果这些委屈可以表达的话，常常是这样的台词：

· 家里的事都是我一个人做的，这不就是独立吗？

· 我工作赚钱养家，不花他一分钱，有谁比我更独立呢？

· 可是，为什么我这么独立了，他还没有变好呢？

听起来，女人包揽全部家务，还能工作赚钱，成为家里的顶梁柱，这真的很独立。可是，这样带来的结果却是深深的无力感和失望感，这与我们最初追求独立的初衷背道而驰。

那么，究竟怎样才是真正的独立？独立与不独立的根本区别又在哪里呢？

01 独立，是具备为自己的处境负责的能力

小欣是个高级白领，孩子 8 岁，尽管她有着不错的收入，但丈夫已经 5 年没有负担过家里的任何开支了。除了不承担，丈夫还经常用创业、还债等各种理由找小欣要钱。

在这样经济拮据的情况下，小欣对待工作的态度十分紧张，哪怕她经常加班，比别人更努力，心里也很担心会被解雇。遇到工作瓶颈时，也没有钱去提升自己，更别说去休假放松自己了。

她就像一根绷紧的弦，面对家庭，有忙不完的事情；面对工作，一刻都不敢懈怠。她感觉肩上的担子太重太重，精力正在一点点枯竭，可是又一刻都不敢放松。

她不知道自己还能做什么，但她心里知道，如果不做出改变，自己这根弦迟早是会绷断的。

问到如何忍受丈夫这样长时间的不公对待时，小欣说，想着离开他，要一个人养孩子，又没人帮着出主意，也没有多少存款，总是做不了决定，总觉得如果自己更独立，变得足够好了，他是会变的。

然后，转念间，她又有了许多的埋怨：我为这个家付出了这么多，你说他为何这么没有良心，看不见我的辛苦呢？如果不是他，我的人生就不会这么糟糕啊，怎样才能让他醒悟呢？

小欣工作很能干，处理工作和照顾家庭也从不懈怠，可是，我们内心会有疑问，她真的独立了吗？

当她把自己的现在和未来都寄托在丈夫身上时，她并不具备为自己的处境负责的能力。她用对家庭的无限付出，和一次次顺从丈夫荒唐的决定，来避开对自己人生的思考，才招致了一次次陷入无力动弹的境地。

她不敢自己思考未来，所以指望丈夫替她思考，可是现在丈夫却不会真正替她考虑，因此痛苦就开始了。然而，在面对这样的痛苦时，她除了埋怨，却没有什么能力和意愿去面对。

这就好比说，在关系里，一开始你拿一个东西，去换别人的东西，你愿意给，对方愿意换，这时候关系非常和谐。

但是，某一天你继续拿这个东西去交换时，对方却不愿再交换了。你是哭着、求着、骂着问对方为什么不交换了，还是去思考如果对方不愿交换了，自己还能怎样生存下去?

真正的独立，不是经济上和事务上的独立，而是永远具备替自己人生负责的能力。不独立的人，会常常认为：我的处境都是他人造成的，对方的人生就是我的人生，对方怎么对我，我就只能怎样做。

实际上，每个人的处境大多是自己造成的，因为顺从，因为从不思考，因为只想取悦他人，才会用放弃自己的思考去换取更轻松的被照顾。

02　具备自我的意识，是走向独立的开始

那么，是不是独立的人就不能被照顾了呢?

不是的。独立的人进入关系也会被照顾，但是当她们升入关系的半空中时，如果遇到特殊情况，她们不会一直等待着一次来不了的救援，而是尽管艰难，尽管也会惊慌失措，却依然能打开自己人生的降落伞，让自己平稳落地。

也就是说，在这种被他人照顾的情况下，不同人的区别在于：

独立的人，在对方愿意时，她们会感觉很安全，如果对方不愿意了，她们虽然痛苦，但也会思考自己的出路。

不独立的人，在对方愿意时，她们会感觉到不安全，如果对方不愿意了，就会彻底跌入无助绝望的深渊。她们从来没有为自己做任何准备的意愿。

所以，不独立的人，即便已经是一个成人了，但感觉里还会常常陷入孩子般的无助当中。这种感觉就好比一个婴儿离开了养育者的照顾就无法存活一样，觉得只有依赖他人的照顾才能生存。

他们感觉不到自己其实已经是一个独立的个体，不再有生存的危机，已经具备思考自己如何生活的能力了。

当她们有这样的机会去思考自己时，比如遇到他人恶劣的对待，或生活得极其痛苦时，习惯于又把这样的机会拱手让人。

比如，如果他知道了“人要活出自我”，就会问“自我”是怎样的，而不会思考自己想要活出怎样的自我。

如果他知道要成长的话，就会问“要怎么成长”，也不会思考自己需要怎样成长。

如果她知道了“要爱自己”，就会问“怎样才是爱自己”，而不会觉察自己想要怎样更爱自己。

所以，独立和不独立的很大的区别在于：独立的人会把自己放入问题中去思考和做决定，选择自己想走的方向；而不独立的人更习惯等待着他人给自己一个答案和决定，将自己拯救出来。

独立的标志，是自我意识的分化。简单来说就是，你需要有自己独立的想法和思考。在这个世界上，没有任何人能成为你永远的救世主，只有承受适度的焦虑，发展出独立的自我意识，才会让自己终身具备面对变化的能力。

03 发展自我独立的能力，人生会更自由

当一个人总是在关系里感到痛苦时，意味着他可能不具备自我独立的能力，他需要养大自己心里的小婴儿，而不是责怪对方为什么照顾不到自己这个小婴儿。

那么，我们如何自我成长，发展出独立的能力呢?

第一步，给予自己支持，避开对自我的攻击。

对于想要寻求自我成长的人来说，常常会遇到这样的困境：一旦视线从埋怨他人转移到看见自己时，很多人会有强烈的羞耻感，觉得自己什么都没做好，很多选择做错了，自己的想法怎么那么幼稚，好像自身处处都是问题。

为了避开内心的失落感，他们就有可能会想：如果我早一点意识到……，如果我早做出决定……，一切就好了！我怎么

那么笨，我怎么能这样差劲呢！

注意！如果我们去看自己，就马上陷入这样的情绪里面，那么我们就没有任何力量去发展自己。

所以，当你想要成长时，你一定要先有这样的心理准备：看见一些问题，可能会让自己很痛苦，甚至恨不得抽自己几个耳光，但是一定不要急着这么干，你需要绕开攻击自己，试着去看见和承担起自己肩上的责任。

因为，过去没有做好，或者改变、控制不了别人，并不是你的错，而是你的经验使然。只有借助这些或许不太成功的经验，你才有可能领悟到一些重要的东西，才有可能在下一次避免掉入同样的痛苦当中。

相反，如果这时候你埋怨自己，并没有去整理这些经验，下一次你依然会在面对同样的问题时并不会有更好的表现。这样你对自己的埋怨和攻击就永远不会停止。

如果一些不好的结果已经发生了，那么自我原谅也并不是放纵自己，而是允许自己成长的开始。从跌倒中重新爬起来，每个人都需要支持，特别是自己对自己的支持。

第二步，自我意识的提升，比立刻做改变更重要。

在咨询中，我经常遇到很多人急着去做改变，比如想自己怎样改变，或者想怎么说对方才愿意听，或者怎么去离婚，怎么去改善关系。

这些人的初衷并没有错，都是为了让自己更好。但是如果更细微地去观察他们的行动，常常会看到他们在原地打转，而问题也并没有得到任何改善。

急着做改变，就不会有那么多意识去思考，比如今天想离婚，明天想复合，今天想求着对方在一起，明天又恨不得永远不再联系。如果我们总是付诸这样的行动当中，就很难有空去思考自己，自我意识得不到提升，就不会带来持久的改变。

所以，自我成长不是要求你立刻做多少改变，而是要看你对自己处境的意识增长了多少。自我意识，决定着我们的前行方向。从任何困境中突围，都需要我们先停留在困境里，搞清楚问题跟自己的关系，然后才能从发展停滞的地方，逐步到达期待的地方。

第三步，承受选择的焦虑，积累经验而非追求完美。

不管我们做了多少准备，当我们第一次站在独立和不独立的路口，决定自己要独自面对一个问题时，都是非常艰难的。

这意味着你会有很多的担心和恐惧，你会害怕错过机会，或者一脚踏空，再或者担心做出一个让自己后悔的决定。

这都是成长必须经历的过程，只有当你承受住了这种不确定的焦虑，你才能踏上你不曾走过的路，去积累解除自己痛苦的经验和发展能力。

你很有可能会犯错，很有可能不完美，甚至有时候，挫败已经让你垂头丧气，你已经无数次想过放弃。但是，当情绪过去，你又会清楚地知道自己要往哪里走，然后抬头继续前行。

那些独立的人，并不是没有焦虑，也不是没有困难，而是他们能一次次在失败中积累经验，最终学会了承受焦虑，习惯了跟困难共处，这样的人生就有了无限的自由！

这样的态度，正如前段时间华为在面临困境时，任正非所说:“抵制是很正常的事，因为我们和别人相比还有一定差距，但这些抵制都将只是暂时的，我们迟早能在更大的舞台上大放异彩!”

不论你面对怎样的痛苦，只要你愿意承受焦虑、积累经验、发展自己，你人生中所受的苦，就会因为自己的选择，变成一份有意义的担当，而不是对他人无止境的埋怨或者责怪。

这样，你才能与过往的伤害和解，也才能走出自己的路！

3. 该失去的总会失去，该重逢的也总会重逢

在你的经历中，有过被生活打散的时候吗？

可以找到很多词去形容这样的意外：人生谷底、晴天霹雳、自我价值感的丧失……

就像电影《托斯卡纳艳阳下》的女主角弗朗西丝，一个颇有才华的女作家，因为小说创作的拖延，只得靠写书评为生。

而就在这时，依靠她收入生活的丈夫出轨了，还要离婚，并分她一半的财产。她能怎么办？法律支持她丈夫这么干，她只得离开，带着一个被生活打散的自己。

像所有面临人生失意的人一样，她立刻着手重新安排生活，在朋友亲人面前假装坚强。可是一切强装的坚强，却在目睹离婚公寓里更多人的悲伤后崩解，她开始清楚地意识到：如果任由自己这么下去，生活是不会好起来的。

01 否认现实的残酷，是面对伤痛的本能反应

在现实面前，越是面临巨大的冲击，人们就越容易感到麻木，

于是变得极度冷静理智，就好像这件事并不是发生在自己身上一样。

这是一种本能的自我保护，就好像一不小心将花瓶失手打落，哪怕接不住，我们也会伸手挡一下。通过挡一下，延迟花瓶落到地面的时间，这也是我们在内心否认的过程。

实际上从花瓶落下的那一刻起，结果就出来了。但是，我们的内心还不能坦然接受这个结果，于是需要一系列的否认来帮助我们维持暂时的稳定。这种否定，能避免让我们立即陷入崩溃状态，以等着自己有准备之后，再来接受现实。

本来事件发生得很突然，没有任何的缓冲和准备时间给我们。但我们可以用否认的时间，先给自己做一个预告，然后再去接受现实，就显得不那么痛苦了。

02 当痛苦太强烈时，做决定是有效缓解痛苦的方式

如果做得到，直接跟痛苦待在一起，接纳痛苦，痛苦的程度也会随之降低。

但对于绝大多数的人来说，这是一件很难的事情，总是需要一些时间才能走出痛苦的阴影。

那么，在这个过程中，我们可以做点什么来缓解痛苦呢？前面说的电影中的女主角弗朗西丝，闺密很担心她会一直消沉下去。当弗朗西丝回到家听到房东调侃地给她介绍离婚公寓，并听到住在隔壁离婚的律师每晚崩溃大哭时，她意识到如果自

己一直这么下去，她就会习惯，慢慢地自己也会变成消极对待生活的一员。

是恐惧，让她有动力改变，去开始一个从未有过的新旅程。

她很快接受了闺密的安排，跟着一个旅行团体去欧洲旅行。如果换作以前，她一定不会去，可是在这个时候，她别无选择。

这一趟旅行发生了很多事情，包括买房子、装修，还经历了一次失恋，她也慢慢地从离婚的阴影中复原。

像弗朗西丝这样被生活打散的人，在现实中其实不计其数，如果有条件选择心理帮助，那么他们将更敢于直面痛苦、修复伤痛。

对于没有那么多机会获得帮助，只得独自承受痛苦的人来说，做一些决定其实未尝不是好的方式。

比如，有的人会在情感受挫后，选择重新开始自己的学业，还有的人在事业受挫时，选择换一个城市生活；也有的人在经历沉重打击之后，选择去帮助更多像自己这样的人。

这些方式，虽然不能立竿见影地帮助我们摆脱痛苦，但是却可以使我们当下的痛苦得到缓解，毕竟当生活还有选择时，一切就不算太糟。

03 通过尝试往前走，带领自己去寻找想要的方向

也有的人会说：这个时候，会特别不敢做决定，因为担心自己会做出错误的决定。我以前也有这样的观念，觉得宁愿不

做决定，也不要做出错误的决定。

可是，听过很多故事，也经历过一些事情之后，却发现即使出去转一圈再回到原地，都好过于一直待在原地。

如果你还不清楚自己想要什么，你还需要尝试找寻自己，你就几乎不可能做出错误的决定。

因为你每多做一个决定，就更有机会靠近你内心最真实的答案，这时的每一个选择都有意义。同时，当我们处于极其强烈的痛苦之中时，我们也会比平时更能做出一些勇敢的决定。

所以，痛苦可能让人如坠深渊，但也能让人触底反弹。越是在这些时候，越有机会打开僵化的认知，扭转人生过往的航向。

也有人会说，我很想做一个决定，可就是做不了，该怎么办呢？比如，一位妻子的先生出轨了，她特别想离婚，但就是不敢做出这个决定。怎么办呢？

实际上，人生里有许许多多可以做决定的地方，比如婚姻的确可能让她感到无比伤痛，但是她还可以在工作上、生活上、孩子身上、自我照顾上做无数的决定。

这些决定不在于多，只在于我们可以感觉到一个更加充满生命力的自己。哪怕你此刻很痛苦，你也可以决定外出慢跑一个小时；哪怕你很痛苦，你也可以为自己好好做一顿饭；哪怕你很痛苦，你还可以坐下来读一本自己想读却没读过的书。

这些小决定，不需要特别多的勇气，却可以让生活在痛苦之外，增添一些不一样的色彩。如果痛苦太难承受了，那就做一些决定，让自己暂时离开一会儿，去体会不同的感受，感知生命更丰厚的内在连接。最终，帮助我们离开痛苦的，也正是我们在痛苦里找到的不同人生过往的意义。

这些意义的厚重感，让我们既满足又沉迷且珍惜。

所以，尽管去尝试吧！

人生发生的任何事情、任何感受，都是整个人生过程里的一部分。

既然是过程，我们就只需要顺应着自己的感受去选择，一直往前走，你就活成了你自己！

没有遗憾，也没有对错，该失去的总是会失去，该重逢的也总是会重逢。

后　记

如何做一个简单、快乐、幸福的女人

二十几岁的时候，我总是羡慕那些年长的、活得云淡风轻的成熟女人，她们骨子里散发出来的自信和美丽，让人深深着迷。

然而，二十几岁的人生还是一片混沌之地，既充满着希望，又充斥着各种迷茫。于是，人生里看似最美好的时光，实际上一点也不美好。

很多人对生活有一种误解，以为最美好的年龄也应该最简单快乐，实际上并不是这样。

阅历的单薄并不能叫简单，充其量只能叫没有选择的单纯罢了。

每一个女孩都需要经历许多挫败和自我找寻，才能收获一种内在的安定，从而敢于在复杂当中活出自己的那一份简单。

简单、快乐、幸福真不是说有就有的，也不是靠幸运得来的，而是认真体会过生活之后，洗净铅华，留下跟自己最投缘、最有关联、最珍贵的那一部分。

这对一个女人来讲，绝不是单纯地遇见某个人，也不只是经济独立和自我实现。它是一种综合的呈现，随着年龄的增长，你对自己的理解越清晰，越敢于追求自己想要的东西，也越来越清楚如何为自己做选择，生活才会随之变得简单清晰。

01　找到你此生热爱的事情

我一直觉得找到此生热爱的事情，是每一个姑娘的第一要务。

无论你是 20 岁、30 岁还是 40 岁，无论你曾经是否足够被爱和被珍惜，你的热爱将成为你生命里最核心的光亮所在。

这件事，值得你花一辈子去找寻，无论大小，无论别人是否认可，无论经济回报是否合理，当你沉浸其中的时候，你知道自己是满心欢喜的。

我遇到一个做身体调理的老师，每天工作量很大，但每天工作时看起来都非常开心。我问她为什么，她说："因为热爱啊，这辈子从来没有一件事情像身体调理一样让我痴迷，我已经干这份工作十年了，每一天都很开心！"

她并不知道，她说这些话的时候，以及很满足地做一份工作的时候，看起来真是超级迷人！

热爱，会带给我们一种很纯粹的生活热情和满足，可以让自己体会到活起来的样子。对一件事情的热爱和执着，最终会成为我们核心个性的一部分。

因为热爱，所以沉迷，因为投入其中，所以整个人都闪着光亮。

所以，对于经历尚浅又比较自卑的女孩来说，无论谁认可你，都比不上你从内心里喜欢一件事情，沉浸其中，并实现自己的价值，这是最简单的一条捷径。

当你不断花时间去做好一件事情时，带给你的回报会远远超过预期。

首先，它会让你避免把太多的时间花在纠缠情感、消磨时间以及耽于琐碎，会让你的时间变得更有价值，让你感觉没有辜负自己。

其次，对于爱情和婚姻的幻想，很容易让我们飘起来，无论早晚，在那些爱情和婚姻填不满的空间里，你终究需要用热爱来消解烦闷。

最后，日积月累的专注，会让你的生活和未来变得更安稳，也会带给自己一份结实的内在底气，这是任何人都给不了你的，只有你自己可以。

你的热爱会成为你在这个不确定世界中的一个安全基地，它值得你花五年、十年，甚至一辈子的时间去找寻。

02 搞定谁，都不如搞定你自己重要

如果你已经找到了此生热爱的事情，你就有了一个根基。

我带儿子去学书法，一个不施粉黛、面黄肌瘦的女老师，看起来一点也不特别，但是当她开始指导孩子学习时，那一份专注和专业，会让人深深折服。

每个人都有自己的天赋和优势，关键在于你是否有耐心去发现，以及能否把它当成你生命中很重要的事情来对待。

有一部分女性喜欢把自己全身心投入爱情、婚姻、家庭以及其他重要的关系中，把许多外在的关系，看得比探索自己的内在关系更重要。

一开始可能会有所收获，但最终你发现所有关系的卡点，最终考验的都是我们内在的稳定性。

所以，与其一开始把重心放在对关系圆满的追求，不如一开始就着手建立稳固的自我基地。只要你不希望用一个空壳子的面具去取悦别人，你去探索自己、了解自己、确认自己的过程，最终就会成为关系里非常重要的一部分。

搞定谁，都不如搞定你自己更重要。或许在你的内心里有兴趣、渴望、恐惧以及梦想，学着去驾驭它们，跟它们过招，体会与自己相处的简单快乐，你才会明白如何更简单地面对复杂的关系。

所谓云淡风轻，是在你体会到一个丰富的自我之后，可以安稳地站立在自己的世界里，既不用卖力地去搞定关系，也不

用拼命地压抑自己。

03　让生活变得更舒服有趣

我很早以前听到过一句话：要永远保留一份童真，这样美好的事情就会实现。

女性常常会不知不觉把很多事情看得比自己重要，比如伴侣、家庭、孩子、父母、工作等，很少花时间关注自己。

然而，这些最容易省略掉的柔软、细腻、感性，恰恰是女性极其珍贵的一部分。

有时候，我们可以像男人一样强硬，理智地应对生活里的各种挑战，但另一些时候我们要允许自己软下来，去发发呆，做做白日梦，简单体会生活中的舒服和有趣。

这些不同的特质，会增加生活的宽度和深度，让我们成为一个更丰满、立体、柔韧的女人，并享受这些特质带来的生活乐趣。

生活本来是一片宽广的天空，每个人都可以在其中自由飞翔，如果我们只把自己局限在一个狭小的空间，局限在一个僵化的性别角色和身份之上，就会很难做到简单、快乐、幸福。

相反，如果我们可以接受生活以及生命本身的丰富和复杂，我们就可以在生命的长河里舒展自己，眼睛里装得下未来，感觉里也可以沉浸于当下！

把自己的事情看得更重要一些，把关系外围的东西看得更轻一些，给自己更多的空间去探索和创造，去体会内心思想的流动，去寻找现实的快乐和满足，简单、快乐和幸福也就离你不远了！